人生ご縁とタイミング

僕はナニワの宇宙人。

渡辺 秀和

はじめに　イングリッシュハウスはこんなところ

大阪と京都を結ぶ京阪電車の、大阪と京都のちょうど真ん中あたりに枚方《ひらかた》市という駅がある。大阪の中心地から電車で二十五分ぐらい。駅前にはひときわ目立つガラス張りのおしゃれなビルが建っていて、これは国内最大規模の蔦屋書店のショッピングモールだ。何を隠そう枚方はＴＳＵＴＡＹＡ発祥の地なのだ。

駅前の繁華街を抜けて、南に向かう道をしばらく行くとT字路になって、そこを右に曲がると住宅地の中の狭い坂道になる。この坂道を五分ほど上った高台に、僕が経営している「大阪イングリッシュハウス（ＯＥＨ）」がある。

大阪イングリッシュハウスは日本人と外国人が共同生活をしながら、いながらにして「留学体験」ができる日本でも珍しい施設で、設立は半世紀以上前の一九六七年だ。創設者は僕の父で、父の死後母が引き継ぎ、その母から僕が引き継いでいるので、僕は三代目の社長ということになる。

校舎（寄宿舎）は、一階に外国人用の居室が八部屋、二階に日本人用の居室が十四部屋ある。二階のベランダからは、枚方の町を見渡すことができる。

一階には寄宿者の居室以外に、キッチン、ダイニング、ラウンジ、二つの教室、バス・トイレなどの設備がある。ラウンジなどの共有スペースは、おしゃべりに使うもよし、パーティーしてもよしで誰でも自由に使える。

今は外国人の居住者が四人、日本人の居住者が八人いる。コロナ禍の中でも、これだけの人たちが共同生活を続けている。

スタッフは、アメリカ人のマネージャーと日本人女性のアシスタント、イギリス人の専任講師、それに二人のアルバイトでこの事業を繰り回している。

つまり、僕が直接タッチしなくても、イングリッシュハウスは運営できる態勢になっている。で、僕は何をしているかというと、コロナ禍の前までは、しょっちゅう海外に行っていた。

僕が海外に行く理由は、たくさんある。例えば、イングリッシュハウスの生徒の留学先を探したり、関わっている日本人学校のために現地面接をしたり、フィリピンで蕎麦を作る事業をしていたり、カンボジアで泡盛の製造や畜産を始めようとしている。ウズベキスタンで貿易もやるし、そうそう、カンボジアでは学校も作っているのだ。地球上のいろいろな場所で、僕は、次々に新しい事業の種をまいてくる。

あまりにも多岐にわたっていて、なんやそれ、と思われるかもしれないが、僕はそうやって新しい人と関わって新しい何かが起こっていくのが大好きなのだ。

僕には嫁はんと、小学二年から中学一年まで、三人の娘がいる。

僕のことを嫁はんは、「外国人っぽいと思っていたけど、結婚してみたら、宇宙人だった！」と言う。

事実、僕は日本ではよく外国人と間違われる。飛行機に乗って、他の乗客には「おしぼりをどうぞ」と言うのに、僕の時だけ「プリーズ」と言われたりする。僕はもう慣れてしまったが、一緒に乗った友達には「なんやお前！」と突っ込まれる。僕はもしかして国籍不明な存在なんだろうか。（笑）

僕のポリシーは、なんと言っても「人生ご縁とタイミング」。

僕は人が好きだ。だからこそ、あちこちに足を延ばし、出会った友達とは一生モノの付き合いになる。そういう、たくさんの出会いも、それが面白いことにつながっていくのも、すべては「ご縁とタイミング」だと思うのだ。

この本では、逆境にめげずに生きた幼年時代、コンプレックスに悩んだ青春時代から、どうやって自信を持ち、自分の世界を広げていったかを、いろいろなエピソードを交えながら語っていこうと思う。

僕のどこが変人で、どこから先が宇宙人かは、この本を読んでいただければわかってもらえるだろう。


最後に僕の四つのモットーを書いておこう。

「行きたいところへ行く」

「会いたい人と会う」

「やりたいことをする」

「やりたくないことは、さっさとやめる!」

だいたい、行きたいところに行き、会いたい人に会い、やりたいことをしていれば、「やりたくない」ことをするヒマなどなくなってしまう。

では、そろそろ僕と大阪イングリッシュハウスの物語を始めたい。
最初は、父の時代、母の時代のイングリッシュハウスの歩みを振り返るところからスタートしよう。日本で初めてのユニークな寄宿型の英会話学校が、どのようにして設立され、半世紀もサバイバルして今に至ったかをお話ししたいと思う。

二〇二一年九月　渡辺 秀和

【本書の読み方】
父と母の時代の大阪イングリッシュハウスについては第一章を、
僕の幼少年時代の悪戦苦闘については第二章を、
二十代の僕の目覚めの時期については第三章を、
三十代の丁々発止については第四章を、
大阪イングリッシュハウスの日常や、集う人々についてのエピソードは第五章を、
現在の僕が何をやり、何を考えているか知りたい方は第六章をお読みください。

目次

目次

第五章　イングリッシュハウスの日常

第六章　未来に向かって種をまく

第1章

父の時代、母の時代のイングリッシュハウス

1　父の時代

一九六七年

今から半世紀ほど前のことだ。大阪は三年後の一九七〇年に開催される万国博覧会への期待で、夢や希望が膨らみ活気に満ちていたらしい。僕はもちろん生まれてないし、その頃のことについて詳しいわけでもない。僕が知っているのは、その時期に、枚方で英語の画期的な学び方ができる寄宿型英会話学校を作ろうと、七人の発起人が集まったこと。そして、英語が堪能だった父がそこに加わって、大阪イングリッシュハウスを立ち上げ、初代の経営者になったことだ。

父は関西外国語大学を出て、その後関西大学に行った。もともと体が弱くて、小児腎臓病だったという。小さい頃から、運動ができないので、本を読んだり勉強したりという人だったそうだ。大学卒業後はパンナムに就職して、グランドスタッフとして働いていた。万博の時には通訳で活躍したと聞いている。

イングリッシュハウス設立の目的は、日本人の英会話力を上げることだった。父は「週一回英会話を学びにスクールに行っても、一生英語を話せるようにはならない」と考えていた。ならばどうしたらよいのか。発起人の面々も、同じ思いを抱いていて、いろいろ考えた末、「外国人と一緒に住むぐらいのことをしないと、日本人は英語を話せるようにはならない」という結論に至ったそうだ。そして、それを基本コンセプトとして、他に例のない寄宿型英会話学校を立ち上げたのだ。

外国人と共に住む

大阪イングリッシュハウスは有限会社として設立された。主に英語を学びたい社会人向けで、当時は外国人が日本にそんなにいなかったので、先生は外部から呼んでいた。日本人は下宿的な感じで住んでいて、部屋も四人一部屋のドミトリー形式。賄いもついていた。普通の下宿と違うのは、ある一定の時間、外国人の講師に来てもらって、外国人講師とはもちろん、住人同士も英語で話すということだ。だから、どちらかというと日本人同士が英語で話す時間のほうが多かった。大学なんかのＥＳＳみたいな感じだろうか。日本語で話したら罰金、一回十円とか百円とかのペナルティがあったらしい。そして、罰金のお金がある程度たまったら、そのお金でバーベキューとかイベントをやった。罰金がなくてもイベントはあったが、罰金積み立てが加わると予算が増えて豪華になる。当時の話を聞いたところによると、お風呂はみんなが一番気を抜くみたいで、つい日本語が口から出て、罰金積み立てがはかどったという。

初めの頃はそんな感じで、日本人がベースで共同生活をしていた。時代とともに日本に来る外国人が増え、中にはここに住みたいという外国人も現れて、一緒に住むようになった。一定の時間どこかに行って教わるのではなく、日常的に英語を話し、それを環境、生活の一部にする。このような国内にいながら海外留学と同じ体験をできるということが、父の目指していた英会話学校だった。

父自身も外資系の企業で働き、日本人の英語力をもっと向上させたいという切実な思いがあったのだろう。

病弱だった父

父は大阪イングリッシュハウスの設立後、十年で亡くなった。もともと弱かった体で、外国人スタッフの確保のために海外にも出向いていたと聞く。また、仲間と一緒に会社の立ち上げも何か所かやっていて、母と結婚してからは、事業のことで相談のある人が、入れ替わり立ち代わり来ていたそうだ。父はいろいろな事業をやっていたので、イングリッシュハウスに行く回数は晩年だんだん少なくなったようだが、イングリッシュハウスへの思い入れは強かった。

しかし、腎臓の機能が悪化して倒れて、三か月透析を受けたが駄目だったと聞いている。母は、父が倒れるまで、そんなに体の状態が悪いとは知らなかったと言っていた。

母が父から引き継いで三十年近く経った後に、僕がイングリッシュハウスの経営を母から譲り受けた。そして、枚方青年会議所に入会した時、父も昔会員だったことを初めて知った。父は青年会議所の現役時代に亡くなったので、名簿の最後のページの物故会員に名前がある。青年会議所の資料で、会員メンバーの自己紹介に父の文書が出てきて驚いた。座右の銘とかいろいろ書かれていた。

僕が小さい時、病弱だった父はいつも自室で寝ているのだが、僕はかまって欲しくて、部屋に行っては怒られてというのを繰り返していたらしい。僕は待望の男の子だったようで、父が元気だった時はよく連れだしてくれたという。僕を連れて車で出かけた時、河川敷で車がスタックして、周りの人に助けてもらって車を押したりしている騒ぎの中、僕はすやすや寝ていたそうだ。母によると、ずっと寝ていた僕に父は本気で怒っていたらしい。「なんでお前すやすや寝とんねん！手伝わんかい！」ということだったのかな。

僕にはまったく父の記憶はない。残されている写真を見ても、僕は父に似ていない。子供時代から母に似ていると言われる。でも、母は僕の手足は父に似ている、瓜二つだと言う。父に関連することで僕が覚えているのは、昔のイングリッシュハウスの事務所の壁紙が森みたいな、林みたいな、木漏れ日の中みたいな模様だったことぐらいだ。

僕が三十六歳になった時、父が亡くなったのが三十六歳だったからか、僕も父のようになるのではないかと思って母はひどく心配したらしい。幸い僕は今もこうしてピンピン元気でいる。でも、母にそう思わせてしまうぐらい、父がいなくなることは唐突だったのだろう。

2　母の時代

晴天の霹靂《へきれき》

父が亡くなった時、母は三十歳で、二人の子持ちの専業主婦だった。母はそれまでイングリッシュハウスの運営にはいっさい関わってこなかったし、まったく英語も話せなかった。

▲父が元気だった頃の父と母

父と母はイングリッシュハウスで出会って結婚している。母は三姉妹だが、母の姉の一人がイングリッシュハウスの一期生で、創立三周年記念パーティーの時に母を連れて遊びに来たそうだ。そこで父と母は出会った。だからというか、母にとってイングリッシュハウスは、父の思い出のすべてを詰め込んだような場所だった。

父という存在をなくして途方にくれたのは、僕たち家族だけではなかった。イングリッシュハウス自体も、岐路に立たされただろう。立ちいかなくなることも、人手に渡る可能性もあったのではないかと思う。もちろんスタッフは仕事を続けていて、父が亡くなってもイングリッシュハウスは活動を続けていた。四月になれば新しい入居者を入れるわけで、入居希望者の面接をしなければならない。

イングリッシュハウスは英会話学校なので、校長不在というわけにもいかなくて、当時イングリッシュハウスでマネージャーとして働いていた女性、今は滋賀県立大学の教授をやっている方だが、その方に頼まれて、母は校長として入居希望者の面接に座ることになった。

覚悟を決める

本当にお飾りで座っているだけだったが、それまで知らなかったイングリッシュハウスの仕事を、母は初めて体験した。そういう機会を持つ中で、母は自分がイングリッシュハウスを続けていけないかと考え始めたのではないかと思う。周りからの働きかけもあったが、母は英語ができないので不安もあっただろう。それでも、お飾りであっても自分のできることでやっていこうと決断したのは、母自身が父の残したイングリッシュハウスを失うのが辛かったからだ。

その当時のことを母は、「彼が立ち上げたイングリッシュハウスをたたむというのは、何もかも彼が世の中からいなくなるような、彼の残したものがなくなるような恐怖感があって、それで彼女（マネージャー）の言う通りに続けることにした」と言っている。父が亡くなって数か月で、母は覚悟を決め、姉と僕、二人の子供を淡路島の実家に預け、本腰を入れてイングリッシュハウスの経営に取り組む決意をした。その時姉が三歳半、僕は一歳半だった。

母は簿記と英文タイプができた。そして、調理師免許も持っていたので、英語はできなかったがイングリッシュハウスのためにできることをやっていこうとした。それからの母は、「自分はトンネルのような形で、なんとか息子に父親の残したイングリッシュハウスを継がせる」ことだけを考えてやってきたそうだ。そこから数年間、僕が小学校に入学するまでの間、母は子供を実家に預けたまま、がむしゃらに頑張った。

なんとか軌道に

母が継いだ頃、イングリッシュハウスは関西外国語大学の学生の入居者が多くなっていた。社会人が多かった最初の頃と違って、入居者の九割が学生だった。しかも、女子学生が多かったので、まだ若かった母は友達感覚で入居者の学生と仲良くなったり、一緒に買い物に行ったりしていたそうだ。年も近かったのでそういうスタンスでやっていたらしい。スタッフにも恵まれていて、イングリッシュハウスの入居者の仲間が優秀な人と聞けば、スタッフにならないかと母が自らスカウトしに行った。

一年が経つ頃、その後長い年月をイングリッシュハウスの講師として過ごすことになるビル・バーケンガーがイングリッシュハウスにやってきた。ビルはそれから二十年以上をイングリッシュハウスの専任講師として暮らし、家族以上に母を支えてくれた。

こうして母の体制でのイングリッシュハウスが軌道に乗って、母も少しずつ英語にも慣れていったそうだ。当時、四人部屋は全部で十部屋あって、外国人も寝食一緒で暮らしていた。講師の外国人も男女いて、男性の先生の部屋、女性の先生の部屋、と別れていたという。

ＮＨＫのラジオ英会話のテキストに広告を出していたため、夏期講習などの短期の講座はとてもよく人が集まった。一週間とか二週間で、集中して実力がつくのが人気だった。だから、夏休みは帰省する学生に荷物をまとめていったん出てもらって、四人部屋に短期コースの生徒を入れたらしい。

後に、広告を載せていた出版社の社長さんに、「最初にお会いした時には本当にどうなるんだろうって、僕かなり心配しましたけどね」と言われたそうだ。それだけ頼りなかったんだと思う、と母は言っている。けれどもほめていただいたそうだ。それは、英語だけでなく、経営ということも含めて世間知らずだった母の必死さを、周りの人たちも感じていたからだと思う。

入居者もいろいろで、中には高校を中退した女の子を、親元からどうしてもとお願いされて引き受けたり、若い講師が増えてくると恋愛問題が起きたりした。賄いも専任のスタッフがいたが、母も一緒になって作っていたので、母は毎日三時間ぐらいしか寝ていないような暮らしだった。

新校舎の建設

母の時代の一番大きな出来事は、イングリッシュハウスを建て替えたことだろう。その時期のことは僕も覚えているが、建て替えの間は別の場所で一年ほど仮住まいした。

一九八八年に完成した新校舎の中に、それまで別の場所に住んでいた僕と姉と母も住むようになった。建て替えの理由は、白アリが出たことだった。それまでのイングリッシュハウスとは違い、基本的に個室で、ミニキッチンやユニットバスなども付けた。建て替えには一億円ほどかかったそうだ。

当時、四人部屋のドミトリーはだんだん時代に合わなくなっていた。建て替え前も入居者の要望で、四人部屋を二人で使うなど工夫をしていたそうだ。昔のイングリッシュハウスもいい家だったと母は言うが、白アリの件がなくても、建て替えは必然だったと思う。通勤時間がなくなったので、母は楽になったと思う。

新校舎は、出入り口のある一階がキッチンやラウンジ、教室といった共有スペース。それ以外に、外国人旅行者や短期逗留の外国人の宿泊する八室がある。当時は外国人が逗留できる宿の選択肢が少なかった。二週間とか一か月とか、今だったらウィークリーマンションを使うような場合に泊まれるところがなかったので、外国人旅行者からは歓迎された。口コミで問い合わせが増え、いつもたくさんの外国人がいた。入居の条件としては英語が話せることだけ。食事付きで、リーズナブルだったと思う。

二階は日本人の入居者、主に学生で、母は四月入居者の募集のチラシを自分で大学まで行って配っていた。その他に家族スペースがあり、ビルはそこに住んでもらっていた。だからビルは僕から見てもおじいちゃんのような存在だった。

母の時代のイングリッシュハウス

賄いは父の時代からずっと同じ人がやってくれていた。母は、食堂で味噌汁を出す時に、学生一人一人と言葉を交わす。親代わりのような気持ちで毎日そうしていたそうだ。母としてはずっと賄いを続けたかったようだが、そこも時代の流れというか、例えばアレルギーのある学生とか、食べられないもののある学生への対応をしているうちに、煩雑になりすぎて対応しきれなくなった。ちょうどO－157の食中毒の問題が世間で話題になって、それを機会に賄いをやめた。母にはそれは寂しいことだったようだ。

イングリッシュハウスを建て替える少し前のこと、一度だけ外国人入居者の間で、警察沙汰になったことがあった。当時は四人部屋で、同じ部屋で寝起きしていた住人の銀行通帳が盗まれたのだ。すぐに外国人の一人が盗んだことがわかり、警察にも来てもらった。

それがきっかけで、母は警察の人と仲良くなり、巡回に来てもらうことになった。また、警察内での英語教育の講師をイングリッシュハウスから派遣するようになった。これは二十年ほど続いて、一か月に二回、警察学校内の英語クラブのお手伝いをさせてもらった。きっかけは窃盗事件だったが、警察沙汰になっても、それを営業につなげるのはすごいことだと思う。

昔、まだみんな携帯もなかった頃は、イングリッシュハウスの中に共通の呼び出し電話があった。入居者宛てに電話がかかってくるのだが、他の英会話スクールのリクルーターが、うちの講師を引き抜くために電話してくることもあったという。うちには講師がたくさんいたし、実際にそれでよそに引き抜かれたこともあったらしい。それほど、うちには常に外国人がたくさんいた。

最初、母はまったく英語ができなかったが、英語を習得するために、僕らを置いて、三か月アメリカで勉強したらしい。本当に苦労をいとわない人だと思う。こうして母が経営した時代は、三十年近くも続いたのだった。

母の方針

僕はイングリッシュハウスを継ぐことにずっと積極的ではなかったので、母にはいろいろ気をもませた。だから僕が本格的に手伝い始めて、英語の特訓を受けた時は本当に喜んでくれた。僕が社長を継いだあとは、母は別のことをやりたいと言って介護福祉士

▲イングリッシュハウスの前に立つ著者

の資格を取り、今は介護の仕事をしている。

僕たちが小さい時、母はイングリッシュハウスの仕事の現場に僕たちを入れなかった。僕たちが仕事の場所にいるのはよくないことだと考えて、関わらせないようにしていたそうだ。今考えれば、そのせいで僕は英語が苦手だったんじゃないかと思う。

常にイングリッシュハウスと家庭はまったく別の世界だった。それが母のやり方で、ポリシーだった。

こうして、母は父が亡くなった時に決意した「父の生きた証を息子に継がせる」という思いの通り、無事に僕にイングリッシュハウスのバトンを渡してくれた。

父が亡くなって四十四年経つが、母は今でも父にベタ惚れだ。

第２章

逆境の中で生き抜いた幼少年時代

1　幼年時代

親類を転々と

父が亡くなったのは、僕が一歳半の時だ。大阪イングリッシュハウスを創立して十年目のことだった。当時専業主婦だった母と、二歳上の姉と僕、幼い子供二人を残して、父は帰らぬ人となった。

慌ただしく葬式やら四十九日が終わった春ぐらいのこと、母は周りの人たちの強い勧めと、父の残した大阪イングリッシュハウスを守りたい一心で父の事業を継ぐことを決意した。それに伴って、僕と姉は兵庫県洲本《すもと》市、淡路島の祖父母のところに預けられた。そのあたりのことはもちろん、まったく記憶にない。英語を話せない母が、英語学校の経営者になる道を選んだのは、並々ならぬ決意があってのことだと思う。ともあれ、僕と姉はそれからしばらくの間、淡路島で暮らすことになった。

突然幼児二人の面倒を見ることになった祖父母も大変だっただろう。ずっと面倒を見るのは難しいということで、しばらくすると堺市に住んでいた母の姉、伯母のところにお世話になった。母は三姉妹の末っ子で、堺の伯母は真ん中の姉、一番上の姉は西成区に住んでいた。堺の伯母のところには、僕のひとつ下の従弟と姉と同い年の従兄の二人兄弟がいた。ただ、そこでも長くは難しいということで、今度は母の一番上の姉、西成の伯母のところに行った。そこはだいぶ年の離れた従姉がいて、当時高校生だった。西成の家は内風呂がなくて、毎日風呂屋に行ったのを覚えている。姉の小学校入学を機にまた淡路島に戻り、僕は祖父母宅から近くの幼稚園に入園した。

祖父はタフな人

祖父母の家は大きな海水浴場のすぐ近くだった。預かっているという手前もあったのか、祖父母には厳しくされたと思う。特に祖父は気の荒い人で、怒ると本当に怖かった。なんの時だったか、怒って扇風機を投げられて、よけようとした僕の腕に当たり、骨折したことがあった。運送会社に勤めていた祖父は、若い頃トラックにも乗っていたそうだ。母が子供の頃は運送会社の大阪支社で部長だった。僕が一緒に暮らした時はもう定年で、その頃は配車の手配とかそういう仕事をしていた。

祖父は毎朝、たわしで体をこすり、ジョッキ一杯の牛乳に生卵と蜂蜜を混ぜたものを飲み、バナナを一本食べて、近くの山頂まで早足で登る。山頂で懸垂をして駆け足で降りてくるのが日課だった。僕もたまについて行ったが、子供の足ではとても追いつけないスピードで山を登る。第二次大戦時、何度も召集されて戦地に行き、最後に帰ってこられたのは祖父だけだったそうだ。とにかくタフで強運の人だった。

四歳ぐらいの時だったか、僕はその頃泳げなかったが、それを知った祖父がゴムボートで沖まで連れて行き、僕に腰ひもをつけてボートから海に投げこんだ。泳げない僕は当然溺れかけたが、結果としてその時に泳げるようになった。その後、泳ぎは得意になったので、祖父はとんでもない人だったが、すごい人でもあった。

祖父は家の修理などなんでも自分でやる人だった。一緒に屋根の修理をしている時、僕は屋根から落ちたことがある。落ちた時、腕がすごく痛かったのだが祖父が怖くて痛いとも言えず、我慢して寝たら翌日腕がパンパンに腫れた。やっと祖母が気づいて病院に連れて行ってくれた。その頃は怒られるほうが怖かったから、腫れた腕を祖父に気づかれたくなかったのだ。でも結局、病院から帰宅すると、ギプスをはめた僕の腕を見て、どうして言わなかったのかと祖父に怒られた。

その後の人生で、例えば先生に怒られるぐらいではなんとも思わなくなるぐらい、僕には祖父は怖かったし、本当によく怒られた。

祖父の家は淡路島の東端で、海を隔てた向こう側に大阪が見える。子供心にも、つらい、寂しい、悔しい時、僕は海岸で大阪に向かって石を投げた。

決意の受験

小学校入学の一年ほど前に、枚方に関西創価小学校という私立の学校ができた。小学校から高校までが大阪にあり、大学は東京の創価大学に内部進学できる。母は僕たちをそこに入学させたかったらしく、まず姉が二年生になる時に編入試験を受けた。でも、姉は合格できなかった。受かっていれば母と一緒に暮らせたが、落ちてしまったので、淡路島の生活が続くことになった。

次の年、僕の小学校入学に向けて、今度は僕が受験した。受かれば母と暮らせるとわかっている僕は「どうにかして受からなあかん！」という、子供心にもそういう決意の受験をした。思いが通じたのか僕は合格し、入学前の年明けぐらいに、当時母の住んでいた京都府八幡市に引っ越した。晴れて母と暮らせるようになったのだった。

今になって振り返ると、関西創価小学校に母子家庭で入学したのは僕が第一号だった。

私立の学校で、同級生の家はやはり両親そろった家ばかりだった。

引っ越しと同時に僕は八幡の幼稚園に転園し、姉も地元の小学校に通うことになった。ようやく母と暮らせるようにはなったが、母子家庭の生活はいろいろと大変だった。なにしろ母は三六五日休みのない仕事で、いつも家にいない。姉と僕二人なのだが、それまでの生活でいろいろあってあまり仲が良くなかったし、姉弟助け合ってというふうにはまったくならなかった。

当時住んでいた八幡の家は、父がこだわって建てた大きな注文住宅で、父は亡くなるまでの一年ほどをこの家で過ごしたという。僕が生まれてから建った家なので、厳密には僕の生家ではないのだが、僕にとっては思い出深い自分の家となった。その後イングリッシュハウスの建て替え時に手放したが、今でもたまに見に行ったりする。

2　小学校時代

手に残る傷跡

さて、小学校に入学すると、毎日バスと電車での通学が始まった。通学時間は約一時間。最初のうち、朝は母が駅まで車で送ってくれたが、帰りはひとりで電車とバスで下校した。よく迷子にもならずに毎日行けたなと思う。学校から帰ってもかぎっ子で、お腹がすけば自分でインスタントラーメンなどを作って食べていた。幼稚園の頃から簡単な料理、例えば冷凍のコーン炒めなんかはできたので、それが当たり前だった。

僕の手には、幼稚園だったか小学校低学年だったか、包丁でざっくり切った傷跡が今も残っている。慌てて押さえたバスタオルが真っ赤になるほど血が出たが、母が帰るまでじっと待っていた。当時は携帯もなくて、事務所に連絡しても母がそこにいなければ連絡もつかない。帰ってきた母に最初はケガを隠そうとしたが、すぐにばれて病院に連れていかれた。でも、しっかり押さえて時間が経っていたので、もう縫わなくていいと言われた。だから今でも傷が残っている。

小学校一年生の時にあだ名ができて、ワッペンという。私立なので登校は制服だったが、学校に着くと校内着に着替える。校内着には学年ごとに色のついたワッペンが付いていて、なぜかそこから僕のあだ名はワッペンになった。クラスメートだけでなく、担任の先生からも、校長先生からもワッペンと呼ばれた。怒られる時も「ワッペン！」と先生から怒られる。今思えばワタナベからのワッペンなのだが、なんで校長先生からもワッペンと呼ばれていたのかはちょっと謎だ。

ザクロとタケノコ

低学年の時、めちゃくちゃ怒られたことがある。学校にザクロの木があって、季節になると実がなり、一クラスにひとつずつ配られる習わしだった。それを一粒ずつみんなで分けて食べるのだが、たった一粒しかもらえないせいか、それがえらくおいしい。なんとか一度口いっぱいにほおばってみたいと思って、ザクロの実を勝手に取って、十個くらいランドセルいっぱいに詰め込んで帰った。あとで見つかって、これはすごく怒られた。

学校には竹林もあって、その中に茶室みたいな小さな小屋があった。春先にはタケノコが出て、タケノコ掘り大会が毎年あった。僕は大会の前にタケノコを掘って、それも怒られた。食べ物の話ばかりだが、それ以外にもなんやかんやと怒られた。愛されつつも怒られる、そんなキャラだった。

小学校一、二年の時は、週一回英会話のレッスンを受けに大阪イングリッシュハウスに来ていた。学校が二つ隣の駅だったので、学校から直接イングリッシュハウスに来て、英会話のレッスンを受けて、八幡の家に帰る。僕がイングリッシュハウスに来るのはほとんどその時だけだった。

筋金入りの遅刻癖

僕は幼稚園の時から遅刻癖があって、週五回は遅刻するという遅刻常習犯だった。小学校になってもそれは続いていて、たまに間に合う時もあったが、遅刻が多かった。朝、母は自分が出かける準備で忙しく、すでに仕事に出ている時もあって、僕は朝ごはんをいつも食べていなかった。朝、食事をするという習慣がなかったのだ。それが当たり前だった。だから午前中はめっちゃお腹がすいていた。母は朝食にトーストを食べていて、毎朝パンもご飯も用意していた。僕にも自分で食べなさいと言っていた。母は僕が食べていないことを知らなかったと思う。食事がないわけではなくて、僕が食べなかっただけ。いつも遅刻だったので、朝ごはんを食べる余裕もなかった。

自慢じゃないが、僕の遅刻の記録はすごくて、中学の時の記録はいまだに誰にも抜かれていないそうだ。実際、年間の登校日数の半分強は遅刻していたのだから。この話はあとでまた出てくる。

小学校の時から勉強はできなかった。成績はすごく悪くて、テストの点もめちゃめちゃ悪かった。今振り返ると、きっと朝ご飯を食べていなかったせいだろう。もうひとつ思い当たるのは、登下校が長いのでかばんはカラで、教科書を学校に置きっぱなしにしていた。

モノの管理もできなくて、教科書やプリントをすぐに失くす。これは言い訳になるかもしれないが、母は忙しくて忘れ物チェックをしなかった。新学期に持っていく雑巾とかは、家のタオルをそのまま持っていった。一応、子供心にも気を使う部分があって、母の負担にはなりたくなかったのだ。高学年になってからは売店で雑巾を買って提出するようになった。

友達の家に泊まる

学校に慣れてくると仲良くなった友達の家に寄って、おやつを食べてから帰った。お母さんが三時のおやつに温かい蒸しパンとかを作ってくれて、僕はすごい感動した。温かいおやつなんて、僕の生活にはないものだった。その子の家には、毎日のようにお邪魔するようになった。ご両親も母子家庭の僕の境遇を知っていて、温かく迎えてくれた。だんだん仲良しが増えると、週末はほぼ誰かの家に泊まりに行くようになった。特に遠足の前日なんかは必ず誰かの家に泊まりに行っていた。そうすればお弁当を作ってもらえるからだ。

小学校一年生で初めて友達の家に泊まりに行った時、僕自身は記憶にあまりないが、その家のお父さんを「なんかへんなおっさんがおる」と言って騒いだらしい。泊まりに行った友達のお母さんに今でも言われる。「あのおっちゃん誰？」と僕に聞かれて、「お父さんだよ」と説明しても、僕が理解できなくて困ったそうだ。夜になるとお父さんが帰ってくる。そういう、男性の出入りが僕の家にはまったくないので、お父さんという存在の認識がなかった。それで、「あのおっちゃん誰？」「お父さんよ」「お父さん、誰それ？何それ？」みたいな。お父さんというものを、友達のお母さんに説明してもらったが、最後まで理解していなかったようだ。僕の境遇は、僕が思う以上に周りの人にいろいろと見えていたのかもしれない。

学校の成績は悪かったが、学校では人気者、ムードメーカーだった。性格は今でもあまり変わっていない。

枚方に引っ越す

小学校四年生の時、大阪イングリッシュハウスを建て替えることになった。八幡の家を処分して、僕たちはイングリッシュハウスに引っ越した。

枚方に越してからは小学校が近くなって、電車で二駅になった。頑張ったら歩ける距離だ。僕は電車通学の定期代をもらいながら、定期を買わずに学校へ歩いて行って、定期代を着服するようになった。学校にも親にも、僕は電車で通っているということになっていた。小遣いが欲しかったのだ。

この頃から、あまりの成績の悪さに、「中学に行かれへんで」と先生たちに言われだした。先生も熱心だったので、放課後の居残り勉強もさせられた。正直、僕自身はあまり私立の校風に合っていない気はしていたが、母はずっと通って欲しかったようだ。ただし、大学は東京にしかなかったので、東京の大学には行かせないと言われていた。

結局そのまま、本当に勉強しなかったので成績は悪いままだったが、それでもなんとか中学には上がれた。塾にも行かされたが、塾代も着服してずっと遊んでいた。何か月か経って、塾に行ってないことが親の耳に入って怒られる。その後、家庭教師もつけられたが、来てくれた家庭教師にも一緒に遊んでもらってばかりで、まったく身にならなかった。

小さい時から、僕は母の愚痴の聞き役だった。子供が聞いてもしょうがないような母の愚痴を、ただただ聞いている。ただ聞く、という技を身に着けたおかげで、怒られている時も何の反論もせずじっと聞いていることができるようになった。だんだん時間が経つと、怒っているほうも言いたいことを全部言い終える。満足するのか、これ以上言ってもどうにもならないとあきらめるのか、そこは定かではないが、とにかく僕は怒られることに慣れすぎていた。

その、聞いているふうだが聞いていないという技は、今でも時々やっている。聞いているようで聞いてないぐらいがちょうどいい時もある。

自転車通学

学校では禁止されていたが、小学六年の頃は、毎日自転車で通っていた。歩くのはしんどいし、自転車なら時間もかからない。自転車は、学校近くのマンションの駐輪場に勝手に止めていた。でも車通勤の先生がいて、毎日同じタイミングで見つかってしまう。そのたびに「お前今日自転車で来てたやろ!」と呼び出され、「反省文を書いて放課後までに持ってこい」と怒られる。毎日毎日。結果、「お前全然反省してへんな」と言われるので、今度は「反省してます」という反省文を書く羽目になった。毎日同じ反省文を書いていた。さすがに二週間も同じことをやっていると、怒られている感じは薄くなって習慣化してしまった。最後のほうはもう、「近くのマンションに止めるのは迷惑だから、学校の敷地内のここに止めろ」と言われた。先生の根負けだ。

小さい時から、親の目が全然届いていなかったので、なんでもありで育った。お金もちょくちょく着服していたので、遊ぶのに必要な小銭ぐらいは持っていた。友達にジュースをおごることもあった。祖父に比べれば怒られても先生は怖くなかった。

怒られることも多かったが、学校の役に立つこともしていた。僕は幼稚園時代から背が高くて、学年で背の高い子だけが集められて行事の手伝いをした。体育館にシートを敷くとか椅子を並べるとか、そんな肉体労働だ。万力グループと名前を付けられて、田植えとかもさせられたし、何かあるといつも力仕事を手伝っていた。

モテた話

背が高かったからか目立ったからか、その頃はすごくモテて、バレンタインデーのチョコの数はすごかった。僕のせいで、学校でのバレンタインデーのチョコが禁止になったくらいだ。もらい過ぎたのが五年生ぐらいだったか、翌年から禁止になった。もらったチョコはみんなに分配していたので、周りから不公平だと思われたわけではないと思う。食べられなかった分は家に持って帰るか、欲しいという子にあげていた。今思えば、女の子からもらったものを勝手に分けて人にあげていたのだから、くれた女の子たちが怒って当たり前だ。

遠足のお弁当も女の子たちが持ってきてくれて、食べきれなくて大変だった。たぶんみんな、親に頼んで僕の分の弁当を作ってもらっていたのだろう。男の子の友達の中にも「ワッペンの分のお弁当親に持たされたから」とくれる子がいた。僕自身は、前日友達の家に泊まっているので、その家のお弁当ももらっている。弁当が多すぎて困ることもあった。

思い返せば幸せな小学校時代だった。僕の家では家族でどこかに行くことはなかったから、遠足でも修学旅行でも行く先々が初めての経験で、とても楽しかった。もちろん、行った先でも何かやらかして怒られるのだけれど。

ディズニーランド

修学旅行は東京ディズニーランドだった。何をしたのか忘れたが怒られて、何人かの仲間と一緒に、入り口を入ったところで一時間立たされた。一時間経ってようやく乗りたいアトラクションに行ったら、すごい行列。ずっと並んでいた友達がちょうど列の一番前のあたりにいて、僕たちは横入りでちゃっかり乗った。何度もそれを繰り返して、飽きるほどビッグサンダーマウンテンに乗った。ちょうど修学旅行シーズンで、同じような団体ばかりだったから目立たなかったが、一般の人がいたら多分怒られていただろう。

母は授業参観もほとんど来れず、たまに来てもタッチアンドゴーで帰ってしまう。その代わりと言ってはなんだが、僕がちょいちょい悪いことをするたびに学校に呼び出されて、一緒に謝ってくれた。母を呼ぶためにわざと悪いことをしたというわけではない。母も呼び出されて、来ないわけにいかないから、たぶんイングリッシュハウスのほうを他の誰かに頼んで来てくれたのだろう。すごい迷惑をかけたと思うが、本音では、母が来てくれることがちょっとうれしかった。

母は卒業式には来てくれた。卒業式までに前髪を散髪して来いと言われていたのに、僕は忘れていた。そのため、朝保健室に連れていかれて、保健の先生に前髪を普通のはさみでジョキジョキ切られるという羽目になった。そんなわけで、僕の小学校の卒業式の写真は前髪ガタガタで写っている。

3　中学校時代

ラグビー部に入る

中学は、すでに書いたように、文句を言われながらも関西創価中学に上がれた。当時母の友人でラグビーをやっている人がいて、僕にラグビーをやれと勧めてくれた。「ラグビー部入ったら一万円やる！」と言われて、「わかりました！」と二つ返事でラグビー部に入部した。中学一年生に一万円は魅力的だった。約束通り一万円いただいた上に、用具一式もその人に買ってもらった。その人は、当時よく母を食事に誘っていた人だった。母は、男性から食事に誘われると僕や姉を連れていく。小学校時代から、何度もお会いして一緒に食事をしたりしていた。今思うと、当時は母もモテていたのか、仕事を含めていろいろなお付き合いがあった。とにかく、それがきっかけで中学はラグビーにはまった。ラグビーしかしてない三年間だった。

もちろんまったく勉強はしていない。手ぶらで登校して、さすがにかばんは持って来いと怒られて、ほとんど空っぽのかばん、せいぜいラグビーのソックスを入れたかばんを持って行くようになった。毎朝、校門に生活指導の技術の先生が立っていて、必ず呼ばれて持ち物検査でかばんを開けられる。僕は正直に「なんにも入ってないです！」と言っているのに、「なんにも入ってないやないか！」と怒られる。これも毎日毎日になって、面倒になった僕は時間通りに行くのをやめた。遅刻常習犯が復活したのである。ぎりぎりに行くと、結局正門で止められて、持ち物検査をしている間に授業に遅れてしまう。それなら遅刻で行っても結果は一緒、と考えたのだ。今考えると、学校も先生もナメていた。六時間目の終わりのチャイムとともに教室に入って、担当の先生に「お前何しに来てん」と言われ、「クラブしに来ました！」。中学はラグビーをしに行っていた。

学校に行ってない時間は、適当に近所で遊んでいた。枚方駅周辺の繁華街とか、青少年センターという図書館みたいなたまり場のようなところには、違う学校の子たちもいた。まあ、暇を存分に味わい、うだうだと暇つぶしをしていた。週のうち半分ぐらいはそんな感じだったので、学校以外の友達も増えた。起きるのも昼ぐらいだったり、学校に行かなかったりしたが、別に不良だったわけではなく、ただただユル〜い毎日を過ごしていた。

校長室で昼ご飯

中学二年ぐらいから、このままだと高校には行けないということで、先生からずっと進路のことを言われていた。僕はまあ、行けなくてもいいかと思っていたある日のこと、どういうわけか知らないが校長先生が昼飯をおごってくれるようになった。突然、後ろから僕の肩をたたいて、一緒にご飯を食べようと言うのだ。お昼に校長室に来いと言われ、「え、また怒られるやん」と思ったが、仕方なく行くと、まあ座れと言う。当時学校は学食があって、食券でお弁当を買った後、校長室で食べることになった。食事の間、いろいろな話をした。最初は一週間ぐらい続いて、そのあとは月一回ぐらい呼ばれるようになった。当時の僕にはなぜそんなふうになったかまったく理由はわからなかったが、僕以外にも何人か、そういう子がいたようだ。人選も謎で、賢いまじめな子もいるし、クラブで頑張っている子とか、まったく目立たない子とか、本当にいろいろだった。僕は学校に行ってない日もあったのに、たまたま学校に行っている日に必ず呼ばれた。そういう、ちょっと不思議な校長先生だった。

ニューヨークに行く

僕が中学校二年の時、イングリッシュハウスに高校二年生の先輩が住んでいた。その先輩から、ニューヨークに行かないかと誘われた。ニューヨーク……アメリカか、と思って母に「ちょっとニューヨーク行ってくるわ」と言うと、母は「行ってきなさいな」とあっさり行かせてくれた。僕は中学二年で、先輩は高二。高校は試験休みがあって休みの間だったが、中学には試験休みがないので学校を休んで行った。

初めての海外、しかも子供二人、十七歳と十四歳でニューヨークだ。ニューヨークのエンパイアステートビルの二ブロック隣のＹＭＣＡに、一週間ほど泊まった。

空港からバスに乗って到着すると、もう夜で暗かった。バスを降りるといきなり背の高い黒人が、「お前の荷物はどれだ?」と言って、僕の荷物と先輩の荷物を担いで、すたすた歩き出す。待て、と言っているのに「ホテルはどこだ?」と聞く。ＹＭＣＡだと答えると、玄関口まで荷物を運んでチップをよこせと言う。英語はわからないながらも、僕は「子供からチップとんなや」と思って払わなかった。先輩はいくらか出したようだ。チップの習慣のない僕らからしたら、さっそくの異文化の洗礼だった。晩飯はどうするかと部屋で相談していたら、窓の外から銃声が聞こえる。めっちゃ怖かった。怯えた僕らは結局その日はレストランには行かず、ホテルの向かいのケンタッキーを買って部屋で食べた。

翌日からは、博物館めぐりをした。僕は先輩についていっただけだったが、先輩は博物館が好きだった。当時はまだカメラが〝写ルンです〟の時代で、博物館には「フラッシュ禁止・カメラ禁止」のマークがあった。先輩に「お前やったら怒られへんからちょっと撮って来い」と言われて、写真をたくさん撮った。もちろん、警備員に怒られたが、当時は英語がわからないので、何を言われても「はぁ?」って感じで、やり過ごした。怒られるとはいってもダメージはゼロだった。

自転車とタクシー

ニューヨークでたまたま入った日本人経営のラーメン屋に、「自転車売ります」という張り紙があった。先輩が欲しいと言って話をしたら、翌日店が休みだから見に来いと言われた。翌日、電車で郊外にあるその人の家まで行って、先輩は本当に自転車を買った。そして、「もう一台あるから貸してやる」と言われて、僕も自転車で帰ることになった。郊外の家からＹＭＣＡまでは距離があり、帰りだけでほとんど一日かかった。

道もわからない初めてのニューヨークで、しかも自転車。ほんまにどうしようかと思った。遠くて遠くて、途中へばって先輩に置いていかれそうになっていたら、横を走っていたタクシーの運ちゃんが「車につかまれ」と言ってくれた。つかまると超ラク！で、あっという間に先輩に追いつく。すっかり味を占めた僕は、先輩に置いていかれそうになるとタクシーに頼んでつかまらせてもらい、なんとか帰った。

僕が借りた自転車は帰国の時、ラーメン屋に返したが、先輩は買った自転車をばらして段ボールで巻いて、手荷物で持って帰った。

ジャズバー初体験

この旅行ではもうひとつ､忘れられない思い出がある。成田発の行きの飛行機の中で、隣に座ったおっちゃんが、少年二人でニューヨークに行くのだと言うと、「おじさんがどっか連れてってあげよう」と言う。それで宿泊先を伝えると、何日目だったか本当に連絡があって、ＹＭＣＡまで迎えに来てくれた。そして、ご飯をおごってくれたあと、小さなジャズバーに連れて行ってくれた。

初めてジャズを聴いて、コークハイを飲んだ。僕は一番前の席で、目の前で大きな音で演奏していたのに、アルコールのせいかすごい勢いで寝てしまった。寝てはしまったが、本場のジャズもご飯もすばらしくて、飛行機で隣り合っただけなのに親切にしてもらったことに感動した。多分名刺をもらったかもしれないが、当時は今と違ってメールアドレスとかもなくて、もうお名前もわからない。今でもお会いできるならお礼を言いたいと思っている。楽しい思い出だった。

帰国と鼻血

日本へ帰る日、飛行機のチェックインは二時間前だと知ってはいたが、バスケットシューズが欲しいということになって、朝から買いに行った。ところが、買い物に思ったよりも時間がかかって、空港に着いたのは飛行機が出発する十五分前ぐらいだった。本当にぎりぎりで、僕らを探していたチェックインカウンターの日本人スタッフが僕らを見つけて、なんとかすぐに手続きをしてくれた。カウンターから飛行機まではずっと全力で走った。カートまで出してくれたおかげで、なんとか間に合って飛行機に乗せてもらえた。いい経験だったし、一生忘れられない旅になった。

帰国した翌日、先輩はもう休みだったが、僕は学校があるので、学校に行った。みんな僕がニューヨークに行ったのは知っているので、「どうだった？ どうだった？」「面白かった！」みたいな話をして、そのあと授業を受けていたら、気圧なのか疲れなのか、とつぜん鼻血がとんでもなくバーっと出て大騒ぎになった。旅行の最後に流血のおまけがついていた。

私立から公立校へ

進学が近づいてもラグビーしかしなかった僕は、内部進学の高校には行けなかった。最初は仲のいい友達がみんな創価高校に上がるので、僕も少しだけ努力はした。タイミングよく、僕が中三の時に、関西創価高校にスポーツクラスというのが一クラスできた。中学は一学年四クラスで二百人、高校は八クラスで、そのうちの一クラスがスポーツクラスだった。ラグビーばかりやっていた僕は、スポーツクラスに声をかけてもらえたが、男子だけのクラスだ。もうそれは青春を捨てるようなもんで、勘弁してくれと思って断った。ほかには英数クラスもあったが、これは勉強できる子向きなので、僕は普通クラスを一応希望していた。だが、今の成績では難しいと言われ、何か、もうええかな、と思って公立の高校に行くことにした。遅刻のおかげで近隣の学校の子にも知り合いはいたし、どうせ東京の創価大学には行けないと思っていたのもある。公立にも興味があったし、こだわることもないと考えた。

うちの近所には枚方高校と枚方西高校の二つの公立高校があった。僕の希望は枚方高校のほうだったが、偏差値が高くて、受験勉強をちゃんとしないと落ちるぞ、ということだった。西高校は、比べると偏差値が低くて、僕の成績でも十分入れるところだった。

どちらにするか最後まで悩んでなかなか決められずにいると、担任の先生が、本来は担任が記入すべき志望校名を、自分で書いて出せと言う。決めかねている僕の背中を押してくれたのかもしれないし、しびれを切らしたのかもしれないが、「お前に託す、自分でちゃんと書け！」と。

結局、勉強するのが嫌でそのまま入れる枚方西高校に願書を出しに行ったのだが、僕は先生にあれだけ言われていたのに志望校の名前を書くのを忘れてしまった。

本来なら先生が書くはずの欄が空白だったため、高校側も驚いて、どういうこと？となり、中学に連絡が行って、担任の先生が駆けつけてくれた。先生は、「すいません、僕が書き忘れて」とすごく謝ってくれて、なんとか事なきを得た。僕はあれだけ言われていたのに本当に忘れていたのだ。願書は無事受理されたが、もちろん「なんやお前、あんだけゆうたやろ！」と、がっつりと怒られた。これが中学時代の最後に怒られた思い出かもしれない。

4　高校時代

シドニー行き

高校でも、ラグビー部に入った。僕は入学式前の春休みから、もうラグビー部に参加していた。枚方西高校に入ることになった時、中学校のラグビー部の先生が、高校のラグビー部の顧問の先生に掛け合ってくれ、春休みから練習に参加させてもらえるようにしてくれたのだ。こうして先んじて部活をやっていたのに、高校の入学式は出なかった。中学時代の友人たちと、卒業旅行に行っていたのだ。友人たちはそのままエスカレーターで高校に上がったので、入学式の日取りとかが若干違っていた。うちは基本放任だったので、入学式に出ないことについても、母は何も言わなかった。「やりたいことはやったらええ」と、そういうふうだった。

高校でも一年の時にオーストラリアのシドニーに行った。中三の時、友達が、お父さんの転勤でシドニーに引っ越していたからだ。その時、出発の見送りにみんなで行く計画を立てたが、出発日が平日で学校がある。話を聞きつけた先生から、大勢で休むのはちょっと、とストップがかかった。先生にすれば、気持ちはわかるが学校を優先して欲しいということで、僕にみんなを説得して欲しいと言われた。そこで、一年ぐらいしたら夏休みに遊びに行こう、とみんなで約束してそこは納めた。でも結局、一年後にシドニーまで行ったのは僕だけだった。

一人で飛行機に乗って、向こうの空港までは迎えに来てもらった。オーストラリアは何もかもがでかくて、友達の家もでかい平屋、広い庭だった。驚いたのは、友達とその五歳ぐらい下の弟が、滞在一年でもう英語で兄弟げんかをしていたことだ。オーストラリアでは、コアラを抱っこしたり、ワニを見に行ったり、ゴルフを初めてしたり、いろいろ体験させてもらった。二週間くらいお世話になったが、珍しくあまり失敗もせず怒られなかった。

友達のお父さんは、お土産などを扱う店で働いていた。僕は当時日本でも人気があったスウォッチという腕時計をタックスフリーでたくさん買って帰った。日本で高く売れるという話だったので、なんとなく儲かる気がして買ったのだ。だが、帰国後どうやって売ればいいのかわからなくて、投資を回収できなかった。十個以上買って帰ったスウォッチは、友達へのお土産となった。今なら高校生でもネットで売ったりできるけど、当時はそんな手段がなかったのだ。

バイクと友達の事故

高校時代もラグビーをやっていたが、チームが弱小で、入った時はマネージャーのほうが選手より多かった。だから、だいたいマネージャーと遊んでいて、あまり真面目にやらず、よく怒られていた。

高校時代の一番の思い出といえば、バイクの免許を取ってバイクに乗るようになったことだ。みんなで教習所に一週間ほど通って免許を取った。学校は、「バイク免許を取らない、バイクに乗らない、バイクを買わない」という「三ない運動」をしていたが、あまり厳しくない学校だったので、高一の時にバイクを買ってもらった。乗っていても学校の先生に見つからなければ大丈夫だったし、見つかってもなんとかなると思っていた。中学の時の友達も何人かバイク免許を取っていたので、友達にバイクを貸したことがある。今でも後悔しているが、友達は僕のバイクで事故って、入院してしまった。僕がバイクを貸したことから、可哀想なことになってしまった。

5　ダイビングスクール、そして短大

母の出した条件

　高校生活はそんなふうにゆるく過ぎて行った。その先の進路を考える時期になった時、偏差値の低い学校だったので、大学に行くのは難しかった。そこで、僕は専門学校に逃げた。それも、ダイビングの専門学校に行ったのだ。ダイビングのインストラクターを養成する学校だった。同じ頃、中学の時の友人たちは皆、そのままエスカレーター式に上がって東京の大学に行っていた。東京に遊びに行くたび、羨ましく思った。東京で、一人暮らしで、大学生なのだ。

　ダイビングスクールもそれなりには楽しかったが、二年制で、二年目に上がる時に学費がすごく高くなる。一年目の終わりにそのことを母に相談すると、「そんなお金は出されへん！」と、はっきり言われた。そして母は条件を出した。

　母の出した条件は、ダイビングスクール二年目の学費を出して欲しければ、大学を三

つ受験しろということだった。高三の時、僕はどこも大学を受験していない。今ここで努力をして、どうしてもだめだったらしょうがない、あきらめるが、母は僕を大学に行かせたかったのだ。こうして僕は、大学受験をすることになった。

父の母校へ

それまで勉強をなるべく避けてきた僕だったが、それでも、やっぱり受験をするならば、どこか受かりたい。最初は立命館大学を受験した。もちろん受からなかったが、落ちた時にいろいろ調べた。うちの近くには関西外国語大学がある。もともと近い上に父の母校だ。それもあって受けようと思ったのだが、調べたら、四年制大学を受験すると短期大学も併願で受験できるという。一回の受験で二校分になるのでお得なのだ。そこで、母の許可をもらって受けることにした。結果は、四年制大学、短大ともに落ちたが、短大の夜間の学部に受かった。母はものすごく喜んで「じゃあもうそこに行きなさい！」と言った。まあ僕も正直受かったことはうれしかったので、通うことになった。僕の学力で受かるとは思っていなかった。こうして僕は、思いがけず大学生になったのだった。

第3章

コンプレックスをはね返した二十代

1　短大、そしてバンクーバーへ

友達に助けられる

大学に入学した時、僕は十九歳だった。夜間の短大に行き始めて、すごく行きたいわけではなかったが、それなりに楽しい学生生活を送っていた。キャンパスは奈良との県境の穂谷《ほたに》というところで、近いと思っていた当ては外れたが、二年間楽しく通わせてもらった。相変わらず熱心に勉強はしなかったので、単位はぎりぎりだった。いつも勉強しないでなんとかなっていたのは、周りの友達がなにかしら助けてくれていたからだと思う。

大学の試験でも、答案用紙を友達に渡して書いてもらう、なんてこともしていた。カンニングではなくて、答案用紙ごと渡す。そんなことをやっていたので、卒業単位がちょっと足らなかった。当時、担任みたいなクラスカウンセラーの先生がいて、その先生に相談しに行って、「単位がちょっと足りないけども、なんとか卒業したい、どうにかなりませんか」と聞いた。そうしたら、課題をいっぱい出された。

課題は一生懸命やった。もちろん一人で、じゃなくて何人かでバーっとやった。だからあちこち筆跡が違っていたのだが、そのまま出したものだから、見たら一発でわかる。それまで大目に見てくれていた先生にも、さすがに「お前これ、誰にやらしてん！」と怒られた。「みんなが手伝ってくれた！」と言うと、「お前を留年させても学校側になんのメリットもないから、卒業させたる」と言われた。その代わりというか、「お前は調子乗りすぎやから、卒業式には出せへん」ということで、卒業式には出してもらえなかったが、とにかく卒業はできた。

当時は就職氷河期で、山一證券がつぶれたりした頃だった。就職先がないだけでなく、内定をもらったけど卒業する頃にはその会社自体がなくなっていたとか、そんな同級生もいた時代だった。僕も就職活動はやっていたが、短大男子という募集がそもそもない。そこで僕は四大の男子と同じ枠で就活していた。しかも、身の程知らずで、有名なところばかり受けていた。当然というかなんというか、全部落ちて、四月からすることがない。どうしたものかと思って母に相談したら、留学でもしたらと言われた。「どうせすることないんやったら、日本におってもしゃあないやろ」と。

母の思惑と違ったのは、「関西外国語大学に行ったのに英語がしゃべれるようにならへんかった」こと。父の出身校である関西外国語大学に行けば、父のように英語が堪能になると、母の中では思っていたのかもしれない。で、「することないなら行っといで」と日本から出された。

バンクーバーに行く

さて、どこに留学するかとなって、結局カナダになった。何年か前にイングリッシュハウスでコーチをやっていた先生でステイシーという人が、バンクーバーに住んでいたからだ。母と仲が良くて当時も連絡を取り合っていたため、ステイシーを頼って行ったらいい、ということになったのだ。母からはステイシーに話をしておくからと言われた。まあ、そんなに行けと言うなら二度と帰って来ないぞという意気込みで、僕はカナダに行った。

バンクーバーでの生活が始まって驚いたのは、ルームメイトが日本人だったことだ。しかも高校生の女の子で、僕より三、四歳年下で、英語はペラペラ。いろいろ驚いたけれど、その子に学校選びとかだいぶ助けてもらって、すぐに語学学校を決めた。僕は一番レベルの低い日本人ばっかりのクラスに割り当てられて、結局日本人と日本語でずっと遊んで暮らしていた。

無理やり事務所の留守番に

半年ぐらいして、母からちょっと帰ってきてくれないかと連絡があった。小さい時にお世話になった母の姉、堺の伯母がガンになって、看病をしなければならなくなったからだ。そして、自分の代わりにイングリッシュハウスの事務所に座っていてくれと頼まれた。堺の伯母のところには、小学生になってからも夏休みや休日にちょいちょい泊まりに行っていて、通算すれば一番面倒を見てもらった時間が長い。母にとっても一番恩義のある人だったので、堺に看病に行きたいということだった。こうして僕は急遽日本に戻って来ることになった。

さて、日本に戻って頼まれたのは、事務所にいるということ。それ以外は何をしろとも言われず、ただずっと事務所にいなければならなかった。これがすごく苦痛だった。暇で暇で仕方ないので、僕は毎日事務所で漫画や雑誌を読んでいた。

すると、もちろん事務所なので電話がかかってきたりする。電話をパッと取ると、聞こえてくるのは英語。全然わからないので、誰か代わってくれないかと思うけれど誰もいない。仕方ないので「Sorry」とか言って切ってしまう。またすぐに電話が鳴るが、取ると同じ人から。また同じように「Sorry」で切ってしまう。三度目はもう同じところからだと思って取らないでいた。寄宿人からもいろいろワーワー言われるが、全然わからない。何も対処できなくて一か月ぐらい経った頃、これはいよいよあかんと思って、英会話のレッスンをやりたいと母に申し出た。そうしたら母が喜んでしまって、一日八時間レッスンという、すごい特訓を受けることになってしまった。

その時僕は二十三歳、遅まきながら英語に本当に向き合う時が来たのだった。

2　英語とパソコン

英語ができない！

ここで少し話を戻すが、僕は、学生時代は全然英語ができなかった。中学の英語のテストはすべてバツ。0点は可哀想だと気を使った先生から、名前をローマ字で書くだけで丸をもらい2点とか3点とか、そんなだった。日常に英語があふれていたにもかかわらずこうなったのは、母が僕と姉をイングリッシュハウスに近寄らせたくないという方針だったこともある。僕は興味があったが、そんなに英語に接していなかった。かと言って自分では英語の勉強をしないので、成績がめちゃめちゃ悪かった。

うちの親がイングリッシュハウスをやっているということは、みんな知っている。僕にはそんなことは関係なく、英語は全然できないのに、英語ができて当然のような目で見られる。そう思われているというのがすごく嫌だった。例えば、八百屋の息子が野菜嫌いなわけはないとか、先生の息子だから成績いいのは当然とか、そんな感じだ。英語学校の息子なのに英語が全然できないというのは、すごいコンプレックスだった。

小学校一年生か二年生の頃だったと思うが、授業で「好きな果物は？」と先生に聞かれて僕は「桃」と答えたが、なぜか先生に通じなくて、何度も言ったがどうしてもわかってくれない。仕方なく「ピーチ」と答えたことがあった。すると先生がやっとわかってくれて、「おー、英語や、さすがやな！」みたいになった。僕は日本語でちゃんと答えたのに、無理やり「やっぱり英語や」みたいに言われて、すごく居心地が悪かった。

英語の壁

そういう体験がちょこちょこあって、子供の頃は外国人も大嫌いだった。こっちは話したくないが、相手はすごく人懐こい。フレンドリーでかまってくれるが、それがまた嫌だった。

イングリッシュハウスは小学校五年生からこの建物になって、以来僕はずっとここで生活している。それこそひとつ屋根の下で、玄関がひとつなので必ずそこを通って帰る。中学ぐらいの時は毎日、なんとか誰にも会わないように、こそっと見つからないように帰っていた。誰かに会うと話しかけられるし、そうすると困るだけだし、ほんとに大変だった。

そんな、英語コンプレックスバリバリの僕が、受かったからといって大学でいきなり英語の達人になるわけはない。長年育ててきた英語に対する防御壁は、大学でもカナダ留学でも壊れなかった。それは、僕自身が本当に英語が必要だと思って初めて、乗り越えられることになったのだ。

特訓開始

母が用意してくれたレッスンは、一日に八時間、六か月間の英会話の講習だった。先生は、長年うちの講師をやっていたビルとアダムの二人だ。ビルとアダムがそれぞれ四時間ずつ、一日の三分の一がレッスンという、ハードなものだった。小さい時からの僕の英語嫌いを知っているビルは、僕が英語をやりたいと自分から言ったことですごく喜んでくれた。母も「英語のレッスンは売るほどあるんやから、しっかりやりや」ということで、僕の気持ちとしては毎日一、二時間程度でよかったのだが、どういうわけか八時間という流れになった。まじか、と思ったが、まあそれぐらいやらなきゃいかんねということでやることになった。

そんなわけで特訓が始まったが、ビルの授業は、はっきり言ってあんまり面白くない。ビルは、昔の教え方というか、覚えろ、とりあえず暗記しろ、みたいな感じで、英文をひたすら覚えさせられる。それがすごい苦痛で、暗記した文を空で言わされるのが嫌で嫌で。なんでこんなことしなきゃならんのか、と思っていた。しかし、それがあとからじわじわ効いてくる。今から考えれば、結局最初は丸覚えが一番効率いいのだ。

教科書はいろんなのを使った。うちにあるすべての教科書を使ったような気がする。ビルが好きだったのはSIDE by SIDEという教科書だった。たぶん今でもあると思うが、全部覚えさせられた。基本的にアメリカで作られた教科書を使っていて、教科書丸暗記は辛かったが、一番効率的な勉強法をやったと思う。

グラマーに関しては、Grammar in Useという、ケンブリッジの教科書で、初級中級上級と三レベルあるが、それを二回ずつやらされた。僕は英語で文法を覚えたので、実は英文法の「動詞」とか「副詞」とか、日本語の言い方はなじみがない。

アダムは会話中心

アダムのほうは、楽しく会話することをメインに、という形で、考えながらしゃべる練習。コミュニケーションという形での授業だった。授業は空いている時間に、ビルかアダムの空いてるほうがやってくれる。基本、生徒さんのスケジュールが優先で、空き時間にとびとびでやってもらうことが多かったし、時間のある日はぶっ続けだった。二か月ぐらいは苦痛で仕方なくて、「どうやって逃げたろうかな」ばかり考えていた。それまで、僕はずっと勉強から逃げてきた。いろんな言い訳をつけて逃げまくってきたのだ。しかし、今回は周りのサポートが固くてなかなか逃げさせてもらえない。同じ家に住んでいる以上、どこにいても逃げ場はないし、寝ていても強制的に起こされる。

最初一か月は何もかもがちんぷんかんぷんで、思っていたことと全然違うことがあって、余計に混乱した。ただこれまで本当にまったく勉強をしてこなかったので、逆に凝り固まった先入観もなかった。嫌ではあったが、一か月を過ぎた頃から、耳が慣れてきてなんとなく言っていることがわかるようになった。でも「なんとなく」なので何もしゃべれない、言えない。

それが変わったのは三か月ぐらい経った頃だ。少し返せるようになり、会話のラリーができるようになってからは楽しくなった。四か月目、五か月目なんてすぐだった。メキメキとわかるようになっていた。話せる、相手の言っていることがわかるということが、こんなにも面白いということを、それまでの僕はわかっていなかった。

思い返せばビルもアダムも、とても長い間一緒に暮らしている家族同然の親しい人たちだ。なのに僕は、言語で彼らとコミュニケーションをとることが今まではできなかったのだ。人と人との関係で、いかにコミュニケーションが大切か、言ってみればコミュニケーションさえできれば別に読み書きできんでも問題はない。

英語は話せてなんぼ

日本の英語教育はとにかく読み書きが先で、読み書きができないと成績も悪い、というところがあるが、これって実は逆なんじゃないか。言語で一番大事なのはしゃべれることだろう。それがあって初めて読み書きにつながる。

英語に限らず、言語というのはコミュニケーションをとるためのツールだ。それ以上でも以下でもない。意思疎通がちゃんとできればそれでいい、それこそが言語を学ぶ目的だということを僕はこの特訓で感じたし、どんな場合でもそこを重視するべきだと今でも思っている。そういう意味では、僕はとても恵まれた環境にいたのだ。

ビルとアダムからよく言われたのは、間違ってもいいからとりあえず言え、しゃべれということ。黙っているのが一番いけないというのをよく言われた。間違えてもいい、間違えるとそこが記憶に残るので、今度は忘れない。どの国の人でも、母国語以外の言葉をしゃべる時、誰でもみんなミスをする。同じところで何度も同じミスをする。それを毎回直される。それを何回も何回も続けることで覚えていく。それが大事だと思う。

日本語英語でかまわない

僕は、日本人は日本語英語、カタカナ英語を、胸を張ってしゃべるべきだとずっと言ってきた。逆に日本に来る外国人が日本語を話す時は、それぞれの母国語に寄った日本語になるわけで、日本人が日本語英語になるのは当たり前のことだ。それでいいのだ。日本人は、日本国内では特に、ちゃんとした英語をしゃべらなければいけないという強迫観念がある。ちゃんとしゃべれないと恥ずかしい、あかんという気持ちがある。それはまったくナンセンスだ。

例えば日本に来る外国人が、日本語の「てにをは」を間違えたとしても、日本人には理解できるし、通じる。相手の意図を読み取ろうとする気持ち、わかろうとする気持ちがあれば、少しぐらい間違っていても大丈夫なのだ。コミュニケーションとは、伝えたい気持ちと理解しようとする気持ちのやり取りで、決して完璧さを追求されるわけではない。

このハードな特訓を経て、僕は英語でコミュニケーションをとれるようになった。これは僕が強がり言っている部分もあるし、本当は読み書きももっとやるべきだったかもしれないが、しゃべれるようになっただけで僕はもう十分よしとした。六か月の特訓は、こうして終わりを迎えた。

パソコンを習う

英会話の特訓と同時進行で、パソコンの学校に一週間だけ行った。家の近くにパナソニックの体育館があって、そこでやっているパソコン講座が一番安くて期間が短かったので、そこに行った。なぜパソコンスクールに行ったかというと、パソコンが欲しかったからだ。

当時はパソコンが高くて、三十万円以上した。プリンターも五万ぐらいで、トータル四十万円近くかかる。Windows 95とか98になりたての頃だ。すごく高くて、僕としては欲しかったけれどなかなか買ってくれとは言えなかったのだ。

イングリッシュハウスでは、母がタイプができたので、当時はタイプライターで書類を作っていた。パソコンがあれば、それをデータとして取り込んだりできるという話はしていたが、実際問題僕がやらなければできないし、僕ができなければ意味がない。母はパソコンを導入することについては承諾してくれていたが、僕が使いこなせる自信がなくて、とりあえずパソコン教室に行こうと思ったのだ。

教室では本当に初歩の、電源の入れ方から習った。一週間で、ネットの使い方、エクセル、ワードまで習って、まあ買ってもなんとか使えるかなというところまで行った。そして、念願のパソコンを買ってもらうことになった。最初は書類の文字を打ち込む作業をしていたが、すごく時間がかかる。そこで、当時流行ったブラインドタッチのゲームを友達何人かで競い、タイピングがだいぶ早くなった。

英語で検索

ようやくパソコンをまともに使えるようになってきて、パソコン自体にも興味を持った。最初はＮＥＣのデスクトップを買ったが、だんだんスペックにもこだわりが出て自作もしてみた。当時はパソコンブームの走りだった。みんなより少し早くできるようになった僕は、みんなに聞かれたり教えたりできるのが、自分の自信になった。質問に答えられるという、優越感もあった。

もうひとつ大きかったのは、アダムに教えてもらって英語で検索するようになったことだ。アダムは、日本語で検索するよりも英語で検索したほうが情報量が多い、信ぴょう性も全然違うと教えてくれた。実際、当時は情報量が全然違った。調べても答えがバラバラだったり、日本語と英語で情報が違う、なんてこともあったが、結果的には英語の情報のほうが詳しく、なおかつ理にかなっていることが多かった。ただ、僕は英語の読み書きはそんなにできなかったので、そのあたりは苦戦した。とにかく時間がかかる。しかし、時間をかけても読むだけの価値が、英語の情報にはあった。

アダムの助言は、僕にとってすごく大きなきっかけになった。パソコンは検索すればなんでも教えてくれる。どんどん世界が広がってそれが楽しかったし、僕は自分の得意分野をやっと見つけた気がした。この約半年間が僕の転換期となった。

自信と行動力

僕は、何をするにしても、自信というのが行動には必要なものだと思っている。自信さえあればどうにかなる、そういう感覚を持っている。実は小さい時は自信のある子ではなかった。どちらかというとおとなしくて、自分の家以外で育ってきたので、それこそ冷蔵庫を開けることもままならない暮らしだった。姉が冷蔵庫を開けて怒られるのを見ていたので、冷蔵庫を勝手に開けてはいけないと覚えた。ずっと大人の様子を見ながら顔色を窺って生活するのが身についていたので、自信どころではなかった。

わずかなことでも、自信がつくということを理解できたのは、小学校の五年生になって枚方に越してきた時だった。地元の近所にも友達ができ、一人でバスや電車に乗れると言うと、「すごいねー」と言われる。私立の学校に電車通学していた僕にとっては当たり前だったが、皆がそういうことをできないというのを聞いて、初めてそれが普通ではないことを知った。僕はできるけど、みんなはできないというのが、小さな自信になった。

中学で始めたラグビーで、一年の時はそんなことはなかったが、二年三年と上がっていくにつれて、毎日二時間はラグビーをしているので、体も大きくなってくるし、体力もつく。それも自信になった。そうやって積み重ねた自信は、行動の原動力になる。

失敗してもいい

海外留学に行くと、エリアによってはアジア人に冷たい地域や環境がある。そういうところに行くと、辛い思いをして帰ってくる子が多いが、そういう経験、体験を、どう自分の自信に変換していくかが大事だと思う。僕は、たまたま英会話とパソコンがきっかけになって、自分の中で自信がつき、そこから自分の行動力が上がった。それでも、失敗はつきものだったが。

失敗して落ち込むと、僕は行きつけの居酒屋のマスターに愚痴った。でも、「なべちゃん、ええやん英語しゃべれるんやから」と慰められて、そうか、僕は英語しゃべれるからええんやって自分で思っちゃったりする。もっとしゃべれる人もいるし、もっと頑張ることもできたかもしれないけど、そう言ってくれる人もいて、僕は英語がしゃべれることを自信にできた。

3　ビルとアダム

ビルについて

ここで、僕に英会話の特訓をしてくれたビルとアダムについて少し話しておきたい。ビルは僕が物心ついた時にはもうイングリッシュハウスで講師をしていた。僕が二十四歳ぐらいの時に七十歳で引退した。子供の頃、会うと必ず挨拶していろいろ聞いてくるが、全部英語だ。僕は何を言われているのかわからないので、その場しのぎの愛想笑いでやり過ごしていた。ビルは僕よりもイングリッシュハウスにいた時間が長かったし、母とも付き合いが深かった。

小学校高学年ぐらいの時、まったく英語がわからないのに、ビルと何人かで温泉に行ったことがある。部屋も同じで、旅行中ずっと一緒だった。身振り手振りでなんとなくしかコミュニケーションはとれなくて、大変だったことを、よく覚えている。ビルにとっても思い出深かったらしく、ずっとあとになってよく話に出てきた。

僕が英語を話せるようになってから、淡路島でイングリッシュハウスをやっていた時

▲中央の金髪がアダム。その右がビル。左上が著者

期があり、週末に車で現地まで一緒に行くことが時々あった。一緒に泊まって、日曜日のレッスンが終わったら一緒に帰ってくる。いろいろ話しながら移動するのだが、ちょっと旅行みたいで思い出すのか、「一緒に温泉旅行した小学生の時とは全然違うね」とビルによく言われた。自分でも、あの温泉旅行はまったく英語がわからずによく行ったなと思う。

高齢者教習

ビルは日本の運転免許証を持っていたが、ペーパードライバーだった。ビルが何歳の時だったか、高齢者教習というのに行きたいと言い出した。あらかじめ門真《かどま》の試験場に「日本語がわからないけれど大丈夫ですか?」と問い合わせをしたら、「英語対応はしていません。できれば通訳の人を連れてきてください」とのことだったので、たまたま時間があった僕が一緒に行くことになった。ビルと二人で試験場に行ったら、ほかにも教習を受ける高齢者の方が五、六人いた。最初は座学の講習を受けて、そのあと実技で場内を車で走る。

ビルの番になった。ビルはペーパードライバーなので何十年ぶりにハンドルを握ることになったのだが、走り出したらいきなりアクセルをガッツリ踏む。めちゃめちゃ怖い思いをした。横に乗っていた教習所の教官もめっちゃ怖がっていた。僕ともう一人高齢者教習を受けている方が乗っていたが、とにかくジェットコースターに乗るよりも怖かった。

ビルは退役軍人で、軍人の時は車に乗っていたそうだ。退役してからは、ほぼ運転はしていなかったが、かつて軍人だったためにいきなりアクセルを踏む習慣がついていたのだろうか。

ハッピーアワー

ビルとは、話せるようになってからよく飲みに行った。ビルは家では、毎日ワインを二杯飲む。夕食は夕方六時ぐらいから始まって、ワイン二杯とナッツで一時間ぐらいかけて飲む。日によっては他にもおつまみをプラスしていた。それを知った時はすごい優雅だなーと思った。

ビルと飲みに行く時はいつも、食事の前に大阪ヒルトンホテルの最上階のバーに行く。そこは夕方五時から七時まではハッピーアワーで、ドリンクが半額なのだが、その情報はホームページにもどこにも載ってない。まさに知る人ぞ知るハッピーアワーで、飲む時はいつもまずそこに行った。ビルは必ず「ドライマティーニをロックで、2オリーブで」と頼む。外国人の常連さんは少ないのか、ホテルのバーの人もビルのことを覚えているし、注文の仕方もおしゃれでスマートでかっこいい。若かりし僕もビルに憧れて同じのを注文して飲んでいた。本当をいうと、あんまりはおいしくなかった。けっこうきついお酒だから、背伸びして無理して飲んでいた。そこで一、二杯飲んでレストランに行くという感じだった。

難波に日航ホテルというホテルがあるが、そこでも同じように「ドライマティーニのロック、２オリーブ」を飲んでいた。

ビルはルーティンが好きな人で、一週間の予定がしっかり決まっている。うちでの英会話のレッスンが週一回あるが、その他は講師派遣の形でいろいろなところに行ってもらっていた。ビルは、月曜日は何時に出てどこに寄ってどこで昼飯食べて、クラスに行って教えて帰りはここに寄って、という具合にスケジュールが全部決まっている。予定が変わるのが嫌いで、基本的に同じ流れでいきたい人だった。

アダムについて

アダムはたぶん僕の三、四歳上で、五歳は離れてなかったと思う。アダムは僕が高校ぐらいの時に入居してきた。ずっと違う英会話スクールで働いていたが、ご縁があってうちで働くようになった。イングリッシュハウスで働いていたのは二、三年だと思うが、うちを辞めてよそで働くようになってもずっとうちに住んでいた。出て行った時は、箕《みの》面《お》の私立の小学校に採用されて、枚方から通うのが難しくなったからだったと思う。十年ぐらいはうちに住んでいた。

うちの講師の皆さんは、まずは住人としてイングリッシュハウスに入った人がほとんどだ。そこで人となりを見させてもらってからリクルートする、みたいな感じが多い。こちらの希望としてそれが一番いいというか、向こうもうちのことをわかってくれているし、こっちもどんな人かわかっていて、しかも日本で何年か先生としてのキャリアを積んだあとなので安心なのだ。けっこう長く勤めてくれる先生が多く、基本は一年契約だが、一年で辞めた先生は二人ぐらいしかいないのではないかと思う。その前のことはわからないけれど、僕が関わるようになってからはそうだった。

突然マッチョに

アダムは最初うちに来た頃は、痩せていてひょろひょろだった。僕も若い頃痩せていて、昔の写真を見ると本当にひょろ長いが、アダムも同じぐらい細かった。それが本人はコンプレックスだったみたいで、ジムに通いだして、何年かでムキムキマッチョになった。実にストイックで、筋トレはジムに行く。食べるものは卵の白身と鳥のささ身。タンパク質を摂って、プロテインとかもしっかり飲んでいたのだろう。

一度アメリカに帰った時に、背中全面にドラゴンのタトゥーを入れてきた。一応Tシャツの中に隠れる感じだったので、教えるのには問題なかった。そして、ムキムキになってから、自分が同性愛者だとカミングアウトした。彼には英語も教えてもらったけど、「ホモとはなんぞ？」という話もたくさん教えられた。家族みたいだったから、迫られたりはしなかった。アダムは相手をよそで見つけてきて、イングリッシュハウスに呼んだりしていた。職場とプライベートが一緒なので、その辺のメリハリをちゃんとつけていた。

晩年のビル

ビルにしても、アダムにしても本当に長い間同居していた。僕はしゃべれるようになるまでは言語でコミュニケーションをしていないわけだが、ずっと見てきているので、お互いに家族のような感情はあったと思う。

ビルも実は同性愛者で、生涯女性とは結婚しなかった。ビルが亡くなって五年ほどになるが、晩年は日本から引き揚げてハワイに住んでいた。亡くなった時は九十歳近い高齢だった。母は何度もビルを訪ねてハワイに行っていた。ビルが病気になってからはハワイで看病し、最終的に母がビルの最期を看取った。母はビルの親族ともいまだに親交がある。

母にとってビルは、ともに長い年月イングリッシュハウスを支えた同志のような間柄だった。退役軍人だったビルの、日本での家、日本での家族がイングリッシュハウスだったのかなと思っている。たまたま講師としてイングリッシュハウスにやってきて、まさかここまで長いお付き合いになるとは、ビル自身も思っていなかったのではないだろうか。人と人との関係は、まさにご縁だと思う。

4　エアーズロックの思い出

オーストラリアへ

カナダから呼び戻された時、いずれはまた戻るつもりでいたし、母も納得してくれていた。でも、英語の特訓が終わり、伯母の看病でイングリッシュハウスを留守にしていた母が戻っても、僕は結局再びカナダに行くことはなかった。

カナダで出会った友達の中にワーキングホリデーで来ている人がいて、初めてこのビザの制度を知った。僕は次にカナダに戻る時はワーキングホリデーを利用しようと思っていたが、帰国して、制度について調べてみると、カナダよりオーストラリアのほうがワーホリを取りやすいことを知った。僕はカナダに戻るのをやめ、オーストラリアへ行くことにした。オーストラリアは高一以来行っていない。このワーホリは、僕にとって身に着いた英会話の力を試す機会になった。ワーホリで行ったオーストラリアだが、特に印象に残ったエアーズロックの話をしたいと思う。

エアーズロック

オーストラリアでは、カンタス国内便の、好きなところ五か所に行ける周遊券を買った。ケアンズ、ブリスベン、シドニー、パース、あとは有名なエアーズロックに行った。エアーズロックへは、飛行機でアリススプリングスに行って、そこからバスでエアーズロック近くのヴィレッジに行く。ヴィレッジは、エアーズロックに行く人のための観光拠点みたいなところで、まあまあ高級なホテルが五軒ぐらいある。あとはスーパーが二軒ぐらい。宿を探そうと思ってインフォメーションに行ったら、泊まれるところは高級な五軒のホテルしかなくて、予算オーバーだった。ほかにないか聞くと、三食付きでテントに宿泊するツアーがあるという。それなら五十オーストラリアドルぐらいで、意外と安い。

砂漠みたいな暑いところなので寝るにはテントでも十分だと思ったが、残念ながら今日は空いていない、全部満席だという。ホテルは高いしどうしようかと思って考えていたら、日本人観光客が何人かいることに気づいた。助けてもらおうと思って「すみません、もしよかったら泊めてくれませんか？」と声をかけた。五人ぐらい頼んでみたところで、「いいですよ」と泊めてくれる人に出会った。男三人のグループで、その人たちは今日が滞在の最後の日だという。翌日のテントを確保できていた僕は、とりあえず一安心した。一晩お世話になって、次の日はキャンプ・ツアーを体験した。

ツアーの手伝いをする

ツアーには、エアーズロックに登るとか、夕焼けを見ながらシャンパンを飲もうとか、いろんなツアーがあった。僕が選んだエアーズロックに登るツアーは、食事が三食付いていた。すべて込みで五十ドルなので安かったが、なにせ金がない僕は、出費をできる限り抑えなくてはならない。飛行機のチケットはもう決まっていて、エアーズロックには四泊する予定だった。一泊は泊めてもらって、一泊はツアーに参加したが、あと二泊のベッドをどうにか確保しなければならない。飯抜きにしたらもっと安くなるかと思って、連泊でベッドだけ貸してくれと交渉したが、ベッドだけでは貸せないと断られた。でも、お願いしまくったら、仕方ない、ツアーの手伝いをするならただで二日ベッドを貸してやると言われた。こんなわけで、僕はエアーズロックの周りを歩くツアーの手伝いをすることになった。

何をすればいいかというと、参加者全員をチェックしながら水を飲ませるという仕事。なにせ砂漠で、本当にカラッカラに乾いている。慣れていないと、水を飲まずに具合が悪くなる人もいるからだろう。次の給水所までに、持たせたペットボトルの水を全部飲ませるのがお前のミッションだ、と言われた。

最初の日、よくわからないなりにやったが、午前中はまだ気温が低くて涼しいので、みんな水をあまり飲まない。飲んでよ、飲んでよ、と声をかけるが、全然飲んでくれない。そんな状態で給水所に着いたら、仕事をくれたツアーの隊長みたいな人にえらく怒られた。仕事もできんくせに、そんなんでお前ただで泊まるな、みたいな嫌味まで言われた。午後からのツアーは、ちゃんと飲んでくださいとほんまに頼んだ。気温が上がってきたこともあって、けっこう皆さん飲んでくれて、なんとかミッションクリアした。

隊長のにおい

砂漠では、水がとても貴重だ。食事のあと皿を洗うのに洗剤をつけるが水で濯《すす》がない。そのままお皿を振って乾かす。そこではそれが常識なのだろうが、僕はそれがすごい気持ち悪かった。こっそり水で濯いでいたのがばれて「水がもったいない！」とめっちゃ怒られた。ほんと二日間ずっと怒られっぱなしで、でも他に寝るところもないので、しゃあないと思って必死でやった。

洗濯もたまってきて、コインランドリーで洗いたいが金がない。隊長に「お前の洗濯物も一緒に洗ってやる」と洗濯代をもらった。しかし、その隊長の洗濯物が臭すぎて、一緒に洗った僕の洗濯物が、なんか全部隊長臭くなった。これは大失敗だった。あまりにも乾燥しているので、洗濯物は干すとすぐに乾くが、それもにおいが取れない原因のような気がした。無料でベッドを借りるためにいろんな体験をしたわけだが、とにかく交渉って大事だと痛感した。

普通はなかなかこんなことはしないと思うし、僕だってもう少し安宿があればこんな経験はしなかった。高級ホテルとキャンプ・ツアーしかなかったからこその体験だ。

あとから知った情報によると、エアーズロックは、宿の予約をしないと飛行機のチケットが取れないことになっているらしい。アリススプリングスに行く人は、普通は宿のブッキングの証明を出してチケットを取る。僕はカンタス国内便の周遊で五か所選んでチケットを取ったので、宿の予約せずに取れてしまった。みんな予約ありきで来ている場所なので、僕のようなやつは珍しかったのだと思う。だから特例で泊めてくれたのかもしれない。あとからそれらのことがわかった。

危険な登山

最近はもうエアーズロックには登れないらしい。エアーズロックはアボリジニの聖地なので、アボリジニからの要請で禁止になったという。僕が行った時はまだ登れて、頂上まで行くと登頂証明書がもらえた。その場でもらえるのではなくて、ヴィレッジに戻ってグロサリーストアみたいなところで申告する。特に必要な提出物はなく、名前を言えば、名前が入った証明書をもらえる。最初からそれがわかっていれば、別に登らんでもよかったのにという話だった。

エアーズロックに登るのは、日本ではあり得ないぐらい危険だった。これまでに途中で足を滑らせたりして三十七人が亡くなっているという。急な崖で、鎖が一本、たらんと垂れているだけ。強風が吹くと、皆鎖につかまって鯉のぼりみたいになる。僕はそんなことは知らんから、普通にビーチサンダルで行った。途中で鼻緒が切れて半分裸足で登った。せっかくここまで来たんだから登らにゃもったいない、という一心でなんとか最後まで登った。そんな思いまでしたのに、実は登頂証明書は誰でももらえてしまうのだ。危険もあるので、ツアーは自信のある人だけ登って、自信のない人は周りを歩く。どちらにしてもビーチサンダルではなく、ちゃんとしたトレッキングシューズで行くところだった。

その時泊めてくれた三人は本当に親切だったと思う。ほかの、最初に交渉して断られた人たちも、僕がバックパックでビーチサンダルなのを見て、にじみ出るものがあったのか、パンをくれたり、ほかに日本人がたくさんいる場所を教えてくれたりした。いろいろ大変な経験だったが、僕は英語で交渉力がついたことは、実感できたのだった。

イングリッシュハウスと向き合う

オーストラリアの旅を終えて、日本に戻った頃から僕は、いずれはイングリッシュハウスを継いでいかなければと考えるようになった。母からはずっと言われていたことだが、英語に向き合って初めて具体的に考えるようになった。経営的なこともパソコンでで、経営的なこともパソコンで調べて少しずつ知識をためた。当時有名な経営者のメルマガを読んだり、帝王学とは何かと調べたりした。僕的には、帝王学は通説であって学問ではないという結論に至った

世界経済とか円高、円安はなぜ起きるかも勉強したし、検索するのも英語でやっていた。あの頃は日本語でネット検索しても本当に情報が少なくて、まだパソコン通信のほうが情報量が多かった。当時ＦＸもやってみた。八か月ぐらいやって、最初はけっこう儲かっていたが、ドーンと負けてやめた。実地に勉強したということだ。

ところで、仕事は具体的に何をしたかというと、とりあえずは電話番だ。電話は英語が多いのだが、相手の顔が見えない分、聞き取りが非常に難しい。最初はまったくわからなかったが、数をこなすうちに、徐々に聞き取れる部分があるようになった。そして僕は発見した。つまり、電話は大体みんな同じことを言っているのだ。今でも電話は何語で話しているかわかるまでに少し時間がかかる時もある。でも、電話のシチュエーションというのは、そんなにブレがない。パターンにしたら百ぐらいだろうか。それを網羅すれば大体わかるし、向こうの言っていることが聞き取れなくても、こう返せば話が進

んでいく、という術を会得すれば済む。それがわかってから電話は得意になったし、上手くさばけるようになった。これは経験だと思う。その経験で自信もどんどんつく。もちろん対面でしゃべるほうが表情や身振りなど察知するものがたくさんあるので楽だが、電話は圧倒的に鍛えられると思う。

でも、最初の頃、僕が電話対応できなかったせいでイングリッシュハウスに来られなかった人が、何人かいたのじゃないかといまだに思う。イングリッシュハウスなのに英語が通じなかった。それについては、本当に、本当に申し訳なかったと思う。ごめんなさい。

5　大卒コンプレックス

四大に行きたい！

その頃、小中学校の同級生が東京の大学を卒業して帰ってきだした。四大卒、というのが僕から見たらキラキラと輝かしく、どうにも羨ましかった。すごくコンプレックスを感じて、僕もあのまま波風立てずにずっと創価学園に行っていればよかったのかな、と思ったりした。とにかく妬ましかった。当時、中学で出てしまったにもかかわらず、僕が声がけをするとみんな集まってくれるというのがあって、毎年同窓会の幹事を引き受けていたが、そのたびに劣等感を感じていた。

僕は苦労とかストレスがあっても、「言うてもしょうがない」という感覚で生きてきた。すべては自分の行動の結果で、自分の責任なので、言い訳してもしゃーないという感じ。けっこう人生の早い時期から、自分で自分を守るために、防御としてそういうふうに考えていたと思う。

普通に四大に行って就職した同級生とかを見ていると、本当にまったく違う人生の過ごし方をしている。僕は、それまでしてきたように、すべては自己責任ととらえることで、どんなに大卒が羨ましくても、自分が行かなかったのだから仕方ない、と考えようとしていた。なのに、なんだか納得いかずに悶々としていた。ある時突然、彼らの生き方を見てコンプレックスを感じるぐらいなら、コンプレックスを感じているその原因をなくせばいい、と思った。僕のコンプレックスの原因は、四大を出ていないということなんだから、今から四大に行けばいい。そう考えたらすとんと来て、すぐに行動に移した。

まずは関西外国語大学の三年次編入をしようと思って調べだした。近くに摂南大学というのもあって、そこも調べてみると国際言語学部（当時）があり、試験が関西外国語大学よりも早かったので、まずは受けてみようと思った。本命は関西外国語大学だったが、お試しで受験した。そうしたら受かっちゃった。で、せっかく受かったのだから摂南大学でいいじゃんということになって、関西外国語大学は受けずに摂南大学の三年次に編入した。二十八歳の時だ。

大学は家からスクーターで十分ぐらい。その時に今も乗っているスクーターを買って、そこから二年間摂南大学に通った。二年間勉強させてもらって、紆余曲折はあったけれど、僕は無事、四大卒になった。

編入という難しさ

短大の時は、周りの学生とは一浪したぐらいの感じで年代が一緒だったので、友達感覚で楽しくやっていた。だが、摂南大学に編入した時は二十八歳になっていたので、周りが若いというか年齢が違うというか、ジェネレーションギャップがすごくあった。僕自身も学校生活から離れてずいぶん時間が経っていたので、そこも違和感があった。大学四年生でも六歳年下なわけで、二十代での六年というのは大きな隔たりがある。でも、僕はそこに頑張って溶け込んだ。まず、友達を作るために、一番部員数の多い文系のパソコン部に入った。もともとパソコンは好きだし、そこでは仲間ができて楽しく過ごすことができた。

余談になるが、卒業してからもパソコン部とのつながりがあり、その関係でイングリッシュハウスから摂南大学のＥＳＳ部に外国人講師を派遣するようになった。在学している時、英語が得意だった僕はＥＳＳ部に入部することも考えたが、部員が二人しかいなくて入るのをやめた経緯があった。まさか卒業後にＥＳＳ部と関わりができるとは思わなかった。

ゼミにも入ったが、僕はどちらかというと学生よりも先生のほうに年が近かったので、ちょっと微妙な感じだった。ゼミではいろいろと手を変え品を変え、周りになじむ努力をした。人数も少なくて簡単になじめるかと思ったが、意外と難しくて、思うようにはいかなかった。

なにしろゼミはもともと二年生からで、すでに一年間同じメンバーで受講している。僕ともう一人、たまたま関西外語大学から摂南大学に編入してきた学生がいて、僕ら二人をゼミの先生が受け入れてくれたという形だった。だからすでに出来上がっていた人間関係の中に二人ともなじめず、僕たち二人とほかのゼミ生のグループでバッサリ分かれてしまった。

ゼミですることは、「卒論を書く」こと。卒論自体はそれぞれ学生が書くわけだが、ゼミの先生が担任みたいな感じで面倒を見てくれる。僕も一応卒論は書いたが、ほとんどどこかからのコピペみたいなモノだった。学部の卒論は、文字数が達しているのが大事なことなのかもしれない。文字数の一・五倍ぐらいのものを出したら先生が添削してくれて、なんとか形にしてくれる。そんなことで卒論はなんとか通った。

実は編入時、ゼミはどこも受け入れてくれなかった。事情を知ったそのゼミの先生だけが「いいよー」と受け入れてくれたのだ。そのおかげで、卒論も通ったし、大学の内情みたいなものも知ることができた。

摂南大学では、ゼミの先生以外に授業ですごく仲良くなった英語の先生がいた。その先生のゼミには入れなかったが、気が合って、ゼミの手伝いをした。いまだに交流があり、現在は龍谷大学の教授としてキャリアを積まれている。

自前で行った大学

短大時代は、当たり前のように授業料を母に払ってもらっていたが、摂南大学では違った。なんとか自分で授業料を払った。四大に入りたかったのは、紛れもなく僕自身だったし、もう二十八歳だ。それに加えて、当時のイングリッシュハウスは、売り上げがあるものの、そんなに儲かっていなかった。部屋も空きがあって、なんとか回せる程度だった。

職歴上では、有限会社大阪イングリッシュハウスに入社して五年目ということになっていたが、お手伝いしかしていなかった僕は、給与をもらっていなかった。経費は出るけど、使う分だけという感じで、母から給料をもらった覚えはあんまりない。必要分は勝手に金庫から取っていた。そんな状態だったから、自分でなんとかしようと思ったのだ。

自分のお金といっても、お金がない僕は奨学金制度を調べまくった。いろいろ調べるうちに、政策金融公庫の学生ローンというのを見つけた。どこの大学でも合格通知書があれば、無担保で二百万貸してくれるというのだ。在学中は金利だけの返済で、元本の返済は卒業後から始まる。お金がなくても大学に行けるものだと実感した。

味を占めた僕は、他にも利用できる奨学金を見つけた。借りた分は卒業してから返済したので、結果、ほとんど当座の資金なしで大学に通った。数年後、大学院に行く時も学費の不安はなかった。

日本では、大学はお金がかかる、お金がないと行けないという感覚があるけれど、僕がその時出した金額は本当に高が知れている。せっかく大学に行きたい人のための制度がいろいろあるのだから、使わない手はない。

コンプレックスからの脱却

思い返せば当時は、「今さらお前学校行ってどないすんの？」と言われることが多くて、「もうええやん」という周りの圧力を感じていた。大学にしても、大学院にしても、社会の通念としては「なぜ行くのか」という理由が必要で、特に僕のように社会人になってからの場合、行くこと自体に疑問を持たれることは理解していた。

僕が大学に行くのは、コンプレックスの払しょくという目標があったわけだが、学歴コンプレックスは僕が勝手に持っていただけで、僕が劣等感を感じていた同級生たちは、なんとも思っていなかった。つまり、僕がコンプレックスを感じているということは、相手にはまったく関係ない。相手が優越感を持っているわけでもないし、逆に「お前のほうが自由でええやんけ」と言われたことだってあった。流れから外れたのも自分の責任、大学に行くのも自分の責任。そう考えたら、コンプレックスを抱えているのがあほらしくなって、コンプレックスを育てるのを、僕はそこでやめた。

第４章

疾風怒濤の三十代

1　三十歳の決断

社長になる

僕がイングリッシュハウスを手伝いだしたのは二十三歳ぐらいからだったが、その頃は僕と同世代の学生たちが入居していて、よく一緒に遊んだ。遊んでいても問題ない程度に、イングリッシュハウスの経営は回っていた。

でもそれから二年後、二十五歳ぐらいの時は打って変わって空室が目立つようになった。ちょうど、母と僕の両方が経営に関わっていて、責任の所在があいまいだった時期だ。どっちが悪いとかではないが、どちらも責任を取らないというか、その覇気のなさが経営にも表れた。宣伝もあまりしていなかった。ちょうどその頃、世の中がアナログからデジタルに移行する変革期だった。母はアナログにチラシ配りをせっせとしていたが、それが段々と機能しなくなっていた。

イングリッシュハウスの状態を回復できたのは、僕が作ったホームページがきっかけだった。けっこう大当たりしてかなり引き合いがあり、満室にすることができた。そして、満室にできたことは僕の大きな自信につながった。

満室というのは二階の十四室が埋まった状態だ。一階の八部屋は短期で回しているので、長期滞在者が十四人ということになる。うちの場合は学生が多いので四月で満室になるとほぼ一年は満室になる。客層としては関西外国語大学の学生がほとんどで、九月に学費留学が決まった場合だけは退居となる。学年途中で出る学生はまれだったので、満室にさえなれば、安定した経営ができるのだ。

そんなこともあって、自信を持った二十九歳頃の僕は、母を下から突き上げるというか、社長としてこうして欲しいというようなことをガンガン言い始めた。だが、僕の言うようにはできない母は、そういうふうに言われるのがすごく嫌だったらしい。そんなに言うなら自分でやれというところもあっただろう。

それで、三十歳の時に大阪イングリッシュハウスの社長を母から引き継いだ。引き継いだといっても、あまりきちんとした感じではなくて、「あんたも三十やし、そろそろあんたがやりや」みたいな感じだった。僕もその時は満室にした実績とかもあって、「わかった、引き継ぐわ」となった。もともと母からはずっと、三十歳になったら引き継げと言われていた。だから僕にとって三十歳は節目の年だった。

もうひとつの決断

もうひとつ、三十歳の節目で僕は大切な決断をした。忘れもしない、三十歳の誕生日の七月二日。それまで僕は、彼女はいても、結婚とか家庭を持つなんてまったく考えていなかった。正直にいうと、チャンスはあったけど、自分に自信もなかったし、不安しかなかったので、その時は考えても答えが出せなかった。二十代では考えるのをやめて、三十歳になったら考えようと思っていた。

で、三十歳の誕生日に改めて、結婚どうすんねんと考えたら、答えが出た。「子供もたくさん欲しいから早く結婚しなければ」という結論だった。思い立ったら即実行で、当時付き合っていた彼女、今の嫁はんにプロポーズした。

仕事に夢中だった嫁はんは、僕がプロポーズした経緯を知って、返事を保留した。なぜ僕の描く人生設計のタイミングで一緒にならなくてはならんのかと、抵抗があったようだ。それでも早く結婚したい僕と仕事に疲れてきた嫁はんの状況がマッチして、僕らは一年後に婚約した。まだ結婚前だというのに嫁はんにはいろいろと心配をかけた。次にその話をしよう。

舞い込んだ選挙話

少し話は戻るが、その前の年だったたか、母のもとに枚方の市議選挙に出ないかという話が来た。母は詳しい話を聞いて、自分ではなくて僕に出たらいいと言った。「市議会議員なら自分の仕事しながら兼業でできるからやっといたらええんや」とめっちゃ軽く言われて、僕も「へー、そんならやってみようか」と乗った。そこで、母のところに話をくれた公明党の人に話を聞きに行った。しかし、当然のことながら母に話を持ってきた人は母に出て欲しかったわけで、僕はにべもなく断られた。逆に、「枚方市議に公明党の議員さんは八人いてはるが、誰と替わるつもり？」と聞かれた。僕は「九人目でお願いします」と馬鹿正直に答えて、全然あかんかった。

でも、みんなには選挙に出ると言ってしまっていた手前、今さらやめたというのもカッコ悪いし、出るだけ出ようと思った。出るからにはどこかの推薦ぐらいはあったほうがいいと思って、自民党とか民主党とかいろいろ回ったが、どこもとりあえず門前払いだった。

そんな僕に、知り合いの先輩で自民党議員の秘書をやっている方が、近所の市議会議員を紹介してくれた。

議員の方にご挨拶に行くことになった、その当日のこと。当時、茶色に髪を染めていた僕は、訪問先の家の前で先輩にスプレーを渡された。それで髪を黒くしろというのだ。「え？ 今？」と思い、「前から言うといてくださいよ」と言いつつ、自分ではできないので、「じゃあ、やってください！」てことで、家の前の路上でスプレーで髪を染められた。なんだこれ？ と思いながら。

で、半分面接みたいな感じで「議員になりたいの？」みたいなことを聞かれて、「親に言われたんで」と、僕はしょうもない回答をしていた。すると、自民党の推薦や公認が欲しいなら、自民党のなにわ塾という塾があるからそこに行けと言われた。

十回ぐらいで終わるから、出席さえしておけばいいと言われて、金も払って塾に入った。が、とりあえず座っておけばいいと思っていたが、最初と話が違ってきた。面接やレポートをしなければならなくなったのだ。なんだか騙されたようで面白くなくて、三回ぐらいで行くのを止めた。三回だけしか出なかったが、入金していたからか、修了証みたいなのをもらった。

何年か後に、なにわ塾を紹介してくれた人と偶然お会いした。当時、何も経験がなくて、その人に何も言えなかったが、僕も少しはものを言える立場になったので、自民党のなにわ塾に騙された、という話をした。相手は「ほんまやな」と笑って、「自分も自民党合わなかったから、今は維新に入ってるねん」としれっと言われた。うまくかわされてしまった。

出るだけ選挙

さて、話を戻すと、そういうわけで摂南大学卒業の一か月後の選挙に、出るだけは出とこう精神で出馬した。同時に、立候補するのに見栄えがいいから、という理由でとりあえず代表を名乗った。こうして、出馬の準備を進めたわけだが、僕にはひとつ大きな誤算があった。当時婚約者だった嫁はんにえらい反対されたのだ。選挙に出たら結婚やめる、とまで言われた。もうここまで来ていたので、出るだけは許してもらったが、当選したら本当に結婚してもらえなくなりそうだった。

そんなこんなで、選挙は本当になんにも運動はしなかった。なんにもしないとはいっても、選挙にはルールがある。まったくやり方を知らない僕は、ポスターは役所が貼ってくれるものだと思っていた。自分で貼れと言われて「ええー」と驚いた。告示は日曜日で、告示後二、三日で自分等で貼るらしい。枚方には五百八十三か所だかの掲示板があるので自分で貼れと言われて、とても無理やと思った。二日前ぐらいから友達みんなに電話して、なんとか集まってもらうことができた。

当然選挙事務所とかもなかった。ポスターを自分で作るというのは事前に教えられていて、先輩の印刷会社にお願いした。ポスターはもう残っていないが、看板はこの間大掃除したら出てきた。

告示の日、朝八時に市役所に行って、くじ引きをした。掲示板のどこにポスターを貼るか、番号を決めるくじ引きだ。僕は自分で行ったが、皆さんほとんど代理で、本人が来ているのは数人だった。行って、くじを引いて番号が決まって、そうしたらもう一回引いてくれと言われる。「どういうことですか？」と聞いたら、「この番号は、くじを引く順番を決める番号です。次が本番です」と言われて、なんじゃそりゃ！となった。

▲周りからはあほかって言われた

で、その順番にまた並んでもう一回くじを引いて、やっとポスターを貼る番号が決まった。引いた人からみんな事務所に電話して、「何番に決まりました！」みたいに連絡していた。

ポスター貼り

ポスター貼りには五十人ぐらい集まってくれて、一人だいたい七か所ぐらい貼ってもらった。もちろん友達も素人だから選挙ポスターなんて貼ったこともないし、枚方の人でもないので大変だった。ポスター自体はシールみたいにはがせば貼れるようになっているが、掲示板が川の対岸にあったり、手が届かないところにあったりして、ポスターを貼る作業はなかなか大変だった。その都度「ここ貼られへんわー」と電話がかかってくる。「ほな、置いといて。あとで僕行って貼るわ」みたいな感じで、だいたい終わった頃、貼り残したところを僕が行ってパッと貼る。なんでこんなところにあるねんと思うようなところに、たくさんの掲示板があった。みんなの頑張りもあって、僕のポスターは全部貼れたが、全部貼れなかった立候補者もいたようだ。

翌日、月曜日、雨が降った。そうしたら、電話がジャンジャン鳴る。何事かと思って電話を取ったら、なんとポスターがはがれてきているという。最初は「そうですか、場所どこですか?」と聞いていたけど、十件ぐらい対応したら、今日はこれは無理やと思った。それからは、「ありがとうございます、ほっといてください」と答えていたが、そのうち電話も取らなくなった。知らせてもらっても対応しきれない。

電話といえば、なんだかよくわからないが脅しもあった。「選挙活動どないすんねん」と言う。「いやがらせするぞ」とも言われた。「いやいや、そんなんしてもらっても困りますけど」みたいに対応していたが、何件もかかってくるようになって、これはちょっと具合悪いなと思った。まじめに選挙運動してもまったく通りそうになかったので、これも含めて放っておこうと思って何もしなかった。どうせ一週間経てば終わるのだ。

結果はビリから四番目

結局僕は、無所属で選挙に出た。講演に来たらどうですかとか、いろいろ声もかかったし、役所のほうでも立会演説会みたいなのがあって「来てください」と言われたが、もういいですと断った。まさに「出ただけ」だ。ただ、選挙に出馬する経験なんて、簡単にできないのだから、貴重な体験をしたと思う。

枚方市議会には当時三十六議席あって、僕が出馬した時は、二議席減って三十四議席になるということだった。僕は当時三十歳で、枚方で二十年生活していたが、市議会議員が三十何人もいたこと自体知らなかった。みんなそういうこと、ほぼほぼ知らんよね、と気がついた。市議会が何をどうやっているのか、なってみないとわからないと思ったのだ。

立候補者は高齢の方が多くて、そういう方が「未来のために！　子供たちのために！」と言っている。これはちょっと違うなーみたいな違和感があって、僕が出てもいいんじゃないかと思った。結果はビリから四番目で、全部で三百七十七票入った。なんにもしなくてもそれだけは入った。

もう選挙に出て十四年ぐらい経つが、いまだに全然知らんおっちゃんから「あ！」とか言われて、「あんとき入れたぞ、入れたったぞ」みたいな感じで言われたりする。すでに千人以上から「入れた」と言われているので、もちろん絶対入れてないと思う。得票数の三倍近い人から入れたと言われている訳だから、たぶんそのほとんどは入れてないだろうと思っている。そもそも投票率が四十何％とかで、半分以上の人は投票にすら行ってない。

選挙には出たが、やりたいことや目標があったわけではなくて、もし受かったら受かってから決めようかと思っていた。実際何ができるかもわからない。これも行動が先に立った結果だった。ただ出ただけということになったが、周りからいろいろと言われたし、めったにしない経験ができて、すごくいい勉強になった。やってよかったと思う。落ちたので、結果的にはなんとか嫁はんにも結婚してもらえた。

2　どろんこ武勇伝

収益マンションを購入

摂南大学を卒業する前、三十歳になってしばらくした頃、僕はマンションを買った。価格は五千万円で、競売物件だった。住むためじゃなくて、賃貸しようと思ってのことだ。事の発端は、僕が小学生の時にイングリッシュハウスに住んでいた人が、競売物件を扱う仕事をしていて、いろいろと物件を紹介されたのだ。最初は別の物件を紹介されたが、それはご縁がなかったというか、話が進まなかった。次はイングリッシュハウスの斜め前の収益物件を紹介されたが、それもご縁がなくて買えなかった。最後に、エクセル天の川という物件が競売で出ていて、それを落札することができた。

当時そこはやくざが占有していて、それも物件情報に書いてあった。物件の確認に行った時、チンピラみたいなのに、「コラァァ」と怒鳴られたりしたけどもまあ気にせず、どうにかなるやろという感じで入札したら、そのあたりの事情もあったのか、他は誰も入札しなかったらしくて僕が落札できた。当時はほんと見切り発車というか、行動が先で、何も考えずに動いていた。だから、これも落札しちゃってからが大変だった。

競売物件というのは、最初に供託金を現金で預けないとならない。それが競売への参加資格となるのだ。供託金は物件の最低落札価格の二割なので、何百万かぐらいだった。それを用意するだけでも苦労したのに、落札できると思っていなかった僕は、急ぎ残りのお金を準備しなくてはならなくなった。あわてて金策に走ったが、全然間に合わない。銀行は、当初は貸してくれるという話だったが、最後の最後でやっぱり出せないということになった。借入先の本命は政策金融公庫だったが、担保を取らなくてはならないから、まず物件の名義の変更ができないと貸せないという。でも名義を変えるにはお金を払わないとならないので、とにかく先立つモノがいる。困り果てた僕を助けてくれたのは、母の知人で、僕も面識のある方だった。話を聞いてくれて、立て替えてくれることになった。本当にぎりぎりセーフで間に合って、物件を手に入れることができた。

やくざを追い出す

物件は僕のものになったのだが、なにせ占有している人たちがいるわけだ。この、占有しているやくざの人たちに出て行ってもらうには、裁判で強制執行しないとダメだそうだ。調べてみると、裁判費用と強制執行に、二、三百万かかると言われた。そんな金はもちろんない。仕方ないので、やくざさんに出て行ってくれと言いに行った。三十歳の、ただの若僧の僕が。

とりあえず、何回か様子を見に行ったが、たまたますごい高級車が止まっていた日があった。何度か見ていて、この真っ白のベンツのごっついやつに乗って来る人が、たぶん一番偉いだろうというのがわかった。だからその人がいる時を狙って行った。そうしたら、チンピラが出てきて大声でワーワー言う。どうしようかと思ったけども、僕は家主だし、「すいませーん、先日家主になった渡辺といいます」と名乗って、「申し訳ないけど出て行ってください、立ち退き代とか出せません、全然お金ないです、ごめんなさい」と言った。そうしたら周りのチンピラはもっとワーワーすごんだりしてきたが、その偉い人は僕に向かって、「兄ちゃんから金取れそうにないなあ」と言うと、そのまま一銭も要求せずに出て行ってくれた。本当にラッキーだった。その代わり、山盛りごみを置いて行かれて、そのごみ処分だけで百万ぐらいかかった。

そこから改装リフォームをして、外壁に自分で作った入居者募集のチラシを貼ったりしていたら、そんなに苦労せずにすぐに人が入ってくれた。場所もよかったのだろう。五年間所有していたが、収益がよく、五年の間飯を食わせてくれて、最後は七千二百万で売れた。サラリーマン給与分ぐらいを毎月貰いながら、売った時はプラス二千万ぐらいで売れたのだ。その頃僕は毎週土曜日ラグビーをやっていて、いつもラグビーの練習の帰りにマンションに寄って外回りの掃除をしていた。

このマンション入手のいきさつは、やくざが占有していたのを追い出したという、そこは、みんなに呆れられつつほめてもらえた僕の武勇伝だ。よく出て行ってくれたと思うが、たぶん僕の金がないという気持ちのほうが、やくざを恐れる気持ちよりも強かったのだろう。やくざさんから見ても、どう頑張っても金が取れないとわかって出て行ってくれた。まあ、たまたまその一番偉い人の機嫌がよかったのかもしれないが、その辺はタイミングがよかったとしかいえない。もちろん、言いに行ったときは、僕としてはめっちゃビビったが。

この経験で僕はだいぶ肝が据わった。やったらできるんやという自信になった。実は、やくざに交渉に行った日は土曜日で、ラグビーの練習のあとそのまま、ドロドロのユニフォームで行った。ありのまま、素のままで行った。今考えればそれもよかったのかもしれない。

飲んでも飲まれるな

僕は、二〇一九年の履歴書の特技の欄に、「ビールをジョッキ三十杯以上楽しく飲める」と書いている。三十歳ぐらいの時は、本当にそれぐらい飲んでいた。ビールだけにしたのは、二十五歳の時だ。酔っぱらっていろいろ周りに迷惑をかけていたので、最初は酒をやめようと思った。ただ、さすがにそれはつらいので一種類にしようと思って、当時はバーボンが好きだったのでウィスキーにした。でもハイボールはまだ流行っていなくて、ほとんどの店でバーボンを置いていない。特に居酒屋とかには置いてなかった。結局、ビールならどこでもあるからビールだけということにした。何度か生樽を空にしたり、店に置いてある瓶ビール全部飲んだりしている。今でも頑張ったら十杯ぐらいいけるかな。

お酒の失敗談はいろいろあるが、酔っぱらうと何か持って帰る癖があったようで、大きな岩を持って帰ったりしていた。一人で運べないから何人かで運んだらしくて、次の日起きて「なんやこの岩！」と言うと、一緒に飲んでいた友達に「お前が持って帰るて言うからみんなで運んだんやろ！」と言われ、仕方ないのでみんなで元の場所に戻しに行った。クリスマスシーズンにツリーのオーナメントを投げ合って遊んで怒られたり、ケンタッキーのおっさんを誘拐して近くの電話ボックスにねじ込んだりとか、今考えると犯罪ぎりぎりのことをしていた。

極めつけは自分の結婚式だ。二次会三次会と楽しく飲んで、飲み過ぎて帰れなくなった仲良しの友達を新婚夫婦で泊まるスイートルームに連れてきたのだ。さすがにこれには嫁はんが激怒した。結婚式は嫁はんに喜んでもらおうと、こっそり生バンドを呼んだり、サプライズを考えたりして僕なりに一生懸命準備したのに、最後の大失敗ですべてが水の泡となった。

3　ハゲるほどの苦悩

新校舎の建設

僕はお金には縁がない。いや、縁のできたお金は、すぐに別のご縁に使ってしまうので、手元に滞ることがないのだ。収益マンションを手に入れて、五年後に売って出した利益分の二千万円ほどは、二〇一〇年に新校舎を建てるための資金として使ってしまった。珍しくまとまったお金が手元にあったからできたことだが、これはいろいろとうまくいかなくて、結果髪の毛が真っ白になって薄くなってしまうほどの苦悩を生んだ。順に話していこうと思う。

きっかけは、母がイングリッシュハウスを引退した後、介護の仕事に目覚め、資格を取ってグループホームをやろうとしたことだった。母は六十歳になってから龍谷大学に二年間通って、社会福祉士という資格を取得した。そして、高齢者と一緒に住みながら介護する、グループホームをやりたいと言って場所を探していた。そんな時たまたま近所で二百坪ぐらいの土地が見つかって、そこに建てようかということで、計画をしていた。

資金は当然銀行から借りるつもりだったが、銀行としては、新規事業なのでこの企画には乗れないと言い出した。いろいろ話したところ、イングリッシュハウスの二号館なら貸してくれると言う。そこで、イングリッシュハウス二号館と共同の建物で考えようということになった。しかし、具体的にグループホームを計画しだすと、どこでもできるわけではないということがわかってきた。グループホームの運営にいろいろと細則があり、場所もベッド数も制約があった。そこで母は、グループホームはあきらめて、知り合いの使ってない家を借りてデイサービスを始めた。

というわけで、せっかく融資の話も進んでいた土地が、宙に浮いた形になった。僕としてはその土地と出会ったのもご縁だし、母も若かりし頃に新築で今のイングリッシュハウスを建てたので、僕も母を超える日が来たかと思って、二号館を建てようと決めた。

とんと進まぬ話

物件には古家が建っていたので、先ずは古家を壊した。ただ、枚方は高低差があるところが多くて、その土地もご多分に漏れず段差のある土地だった。イングリッシュハウスは大きな建物が必要だし、車もいる。こちらのニーズに合う建築計画は難しく、業者選びも難航した。

初めに頼んだ建築業者は、車は一番高いところまで上げるという計画だったが、急こう配過ぎて物理的に上がらないと途中でわかった。そんなプラン作ってくるところで建てたらあぶないということで断ったら、支払いは設計全部決まってからと言っていたのに、手のひら返して、ここまでやった分の金を払えと言う。契約すれば利益は大きいので、その会社は最後に取る利益を当てにして、口当たりのいいことを約束していたのだろう。断ったとたんにここまでの分として五百万円ぐらい請求してくる。どう考えても高い、五十万円でも高い、二、三十万円ならわかるけど、と話をして、どうしてもなら裁判しようかという話まで行った。結局示談になって二十数万円ぐらい払った。

その間に違うところを探して、大阪市内の建築会社と話をしたら、そこはまたぶっ飛んでいて、七階建てを造るという。最初は、建築費用全部込みで一億円ぐらいの予算で、という話をしていたのに、総工費が確か二十億円ぐらいに跳ね上がった。断ったほうの会社は九千八百万円ぐらいで、という話だったが、二件目はいきなり二十億円。これもあかんとなってそこも設計図引いてもらった分としてまたいくらか払って、断った。

なかなか決まらなかったが、土地は先行して買ってしまっていたので、今さらやめられない。銀行が建築費は貸すが、土地代は自分で出してくださいというので、縁故でちょっと安かったのもあって、土地だけはすでになんとか金策をして手に入れていた。結局知り合いの知り合いみたいな地元の枚方の人に設計を頼むことになって、契約した。いろいろあって総額二億円になったが、その建築屋さんが銀行との交渉がうまくて、一億円までしか出さないと言っていた銀行から、あと一億円引っ張ってくれて建築することになった。

工期の遅れ

最初は工事も順調に進んでいた。が、どうも少し工期が遅れていると、素人目にもわかるようになって、しかし向こうは期限内に仕上げますというので、二〇一一年三月十五日引き渡し予定となった。それが、引き渡し四日前の三月十一日に、東北の震災が起きた。大震災だったし、多少は影響があったのかもしれないが、震災を言い訳にして、資材が入ってこないので、ということで工期を延ばされた。その後もずるずる延びて、結局引き渡しはゴールデンウィーク明けになってしまった。

うちは四月の大学の入学とともに入居する人が大半だ。その時も、だからこそ三月完成予定で動いていた。もう入居者も決まっていたし、絶対に四月入居が条件で契約しているわけだから、皆さんに謝って違約金も払った。やっと引き渡しが終わった五月から改めて入居者募集をかけたが、シーズンを逃したのでなかなか人は入らなくて、ものすごく悩んだ。二億円の借金もあるので、どうしたもんかと頭を抱えた。

ハゲて知る人の縁

もう、踏んだり蹴ったりで本当に悩んだら、一気に頭髪に来て、髪が真っ白になった。後頭部も周りから言われるぐらい薄くなった。育毛剤とかわかめ食べるとか、マッサージとかいろいろやったが治らない。結局精神的なストレスが原因なのは自分でもわかっていた。

二号館は二年ぐらい頑張ったが結局ダメで、どうしようかと思っていた時、友達の一人に「そんなもん、もう売ってまえ！」と言われた。そう言われるまでは、自分でどうにかするつもりで頑張っていたし、売るという選択肢は全然頭になかったので、言われた時はまさに目から鱗だった。で、「売ったらこの苦しいのが終わる！」と、なった。

そんなことも考えつかないほど当時の僕は追い詰められていた。人間、追い詰められ過ぎて周りが見えない時ってあるものだ。

それで売りに出したら、ちょっと損はしたけど、抱えている苦労を考えたら全然まったくもって万々歳で売れた。ただ、失った時間と労力を考えれば、もう二度と新築を建てないぞ、と決意するぐらい、ちょっと高い勉強代を払った。

白髪になってハゲてしまった頭髪のほうは、有名どころのアデランスとかリーブ21とかも相談に行ったが、なにせ高くて手が出ない。そうしたら、薬局をやっている友達がＡＧＡ治療薬が一番いいよと教えてくれて、病院で処方してもらうようになった。それで生えてくるようになり、今はもうすっかり大丈夫だ。悩みの種が売れてほっとして、ハゲとの戦いが残って、どうにかせなあかん、と努力してたどり着いたのがＡＧＡだったというわけだ。

その時僕は、困っているというシグナルは出すべきだと学んだ。それまでの人生でも、困っていると誰かがアドバイスしてくれるし、助けてくれることはよくあった。ただ、髪の毛の話はナイーブだから皆なかなか言ってくれないし、僕がカミングアウトしたとしても、慰めるつもりでまだ大丈夫よ、なんて言う人が多い。それでもちゃんと向き合ってくれる人は、情報をくれたり、親身になってくれる。もちろん立場や年齢で言いにくいとかそんなこともある。だが、ちゃんと指摘してくれる人は信用できる。それ以来僕は、誰かが顔とかに何か付いていてもすぐに言うようになった。そういうことってけっこう言わない人が多いが、僕は言われたほうがうれしいし、言うほうがいいと思う。だからなるべく言うと決めた。

4　大学院に行く

なぜか合格!

三十歳頃から大学院に行くまでの数年、僕は海外に行きたかったが、新婚だし子供もすぐにできてあまり動けなかった。嫁はんにも「何しに行くの?」と言われて理解も得られなかったのだ。僕としては、何かしら新しい事業の発端を探しに行っているので、この仕事をしに行く、みたいなはっきりした大きな理由はない。旅費もギャラも出ないし、自腹で行くので余計に「何しに行ってんの!?」と言われていた。だからその時期は、海外に行くとしても韓国日帰りとか一泊程度の旅をちょこちょこやっていた。まだ、何をやると決めていたわけでもないが、何かやりたい、次は何をやろうかと狙っていたような時期だった。そして、そのやりたいことのひとつが大学院に行くことだった。

前にも書いたように、僕は、大学に行ってないことがコンプレックスで関西外国語大学の短大に行ったが、それでは満足できず摂南大学に編入して四大卒になった。この時点でだいぶコンプレックスは解消していたが、四大卒では人並みに並んだだけで、それじゃあいかんなあと思っていた。大学卒業時から、すぐに大学院に行きたかったが、摂南大学の大学院は修士の二年しかなくて、相談した先生に「摂南の修士を取っても、あとが大変だ」と言われ、あまり勧められなかった。

その後、なかなかツテもなく協力者もなく、大学院に行きたいという思いを持ちつつ何年か経った三十五歳の時だった。たまたま仕事で行ったある会社の事務所に、同志社大学の暖簾《のれん》がかかっていた。気になって、「何か同志社大学と所縁《ゆかり》があるんですか？」と聞いたら「何を言ってんのん、私今大学院生やねん！」と言われた。その方は、社会人学生として大学院に通っていたのだ。で、「マジすか？ 今現在？ いや僕も大学院行きたいんで、ぜひ紹介してください！」と頼んでみたら、「いいよー」と紹介してくれた。とんとんと事が進んで入学試験を受けられることになった。大学院の入学試験をどうやって受けるのかすらわかっていなかった僕が、なぜか受けたら受かってしまった。

社長で学生

大学院の学科は、総合政策科学研究科という科だった。「高度な問題解決力を総合的に備えた政策エキスパートを養成する」（同志社大学HPより）という学科で、内容としては政策提言をすることを主眼とした学部だが、幅が広くて、研究テーマもばらばらだった。僕はソーシャルイノベーション（社会変革）というコースを選んだ。このコースには現役の議員さんも来ていたし、在学中に出馬する人もいた。社会人が多くて、年上も多かったし、僕よりもずっとぶっ飛んだ面白い人がたくさんいた。社会人になってから大学院に来る人たちは、前向きに勉強するエネルギーのある人ばかりだった。

大学院でも、経済の講義をいくつか取った。けれども僕にはあまり面白くなかった。大人になってから学生になって、すごく思ったのは、経済についての先生方の授業では、ビジネスについて語るのが、説得力がなく感じてしまう。僕はすでに社長として実際に経営をしているわけで、授業で昔の経営者についての話を聞いても、知識にはなるが参考にはならない。僕が知りたいのはこの先のことだ。この先何をしたらいいのか、それを知りたい。それを先生に聞くと、「そんなんわかったら僕がやってるわ！」と言われた。

コンプレックスとの決別

同志社大学はネームバリューもすごい。僕の実感としては、胸張って歩ける感じで、自分でもびっくりだった。紹介してくれた人は、残念ながら修了できなかったが、僕は気合で二年間で修了した。僕もけっこう型破りかもしれないが、大学院にはもっと型破りな人間がいっぱいいて、世界が広がった。比べれば僕なんか普通だった。大学院はいい仲間に恵まれた。皆さんに助けていただいて無事に修了できた。その仲間は今でもちょいちょい集まっている。

こうして僕は、大学院修士（ソーシャルイノベーション）課程修了となった。たった六年前の話だ。

これで僕の学歴コンプレックスは、一気に、完全に、なくなった。バリバリやればコンプレックスもなくなるし自信もつくし、なぜ今までやらなかったのだろうと自分自身感じている。何事も勉強だと思っているし、次は大学院の博士課程に行きたいとも思っている。ここ三年ほど受け続けているが、まだ思いは叶っていない。こういうことはご縁とタイミングなので、まだそれがないのだと思っている。

人生はご縁とタイミングだ。ずっと肝に銘じている。うまくいってもご縁とタイミング、いかなくてもご縁とタイミング。思い返せば僕の目まぐるしかった三十代は、まさにご縁とタイミングで動かされて、今の僕につながっている。

第５章

イングリッシュハウスの日常

1　イングリッシュハウスの利用法

日本にある海外

ここからは、改めてイングリッシュハウスの話をしよう。

イングリッシュハウスは、外国人と日本人が一緒に生活する、寄宿型の英会話学校だ。創業者の父は、「国内留学ができる施設」というのを前面に出していた。日本の国内にいるけれど、海外留学体験をできるという、「日本にある海外」というのが売りだった。「英語学習者のパラダイス」というキャッチフレーズもあって、実は今も目指すところはまったく変わっていない。イングリッシュハウスは今も昔も、「英語をシャワーのように浴びる」ことのできる施設なのだ。

昔の父の名刺には、「英語の家」と書いてあったそうだ。まさに「イングリッシュハウス」そのままの直訳だが、実際はボーディングハウス（長期滞在用の宿泊所、寮、賄いつきの下宿屋）という形でずっとやっていた。今の建物に変わってからは、インターナショナルアパートメントというのが相応しい。相変わらず日常生活の中で外国人と交流

▲イギリス人講師と著者

でき、ひとり一部屋ずつ割り当てられているが、個室を一歩出れば、会話は英語中心になる。

ちなみに、受け入れている外国人は英語が話せることが条件なので、基本英語圏の人で、欧米、カナダ、オーストラリア人が多い。近年は、国籍は北米、欧州だけれど韓国系、中国系というのがすごく増えてきた。移民の二世という感じだ。

うちは予約の段階で英語なので、英語がしゃべれないと予約もできない。ここ五年ぐらいで感じる変化は、日本語の勉強をしてきた人が増えたことだ。おそらく日本のサブカルが世界に出始めたのがきっかけではないかと思う。特にアニメの影響は大きい。アニメで日本語を勉強して、もうぺらぺらということもけっこうある。

宿泊の手順

外国人の宿泊者の場合、うちはホテルとは違って、到着時に契約書を読んでからサインをもらうし、いろいろ手続きが多い。寄宿舎として運営しているので、ある程度のルールとか契約内容を読んでからサインしてもらっている。人によっては「もう疲れているので明日にしてくれないか」と言われることもあるが、一応サインはもらわないとだめなので、読んでくださいとお願いしている。たまに契約について質問されることもある。手伝い始めた頃は、その質問にまったく答えられなくて、わからんとしか言えなかった。今思うと、そんなんでよくやっていたと思う。

宿泊者には、昔は地図を見ながら自分で来てもらっていた。駅まで迎えに行っていた時期もある。今はホームページに駅からうちまでの道案内動画を載せている。迷った外国人をご近所の方が連れてきてくれることもある。親切なご近所さんで助かっている。最近はあまりないが、昔はいきなり予約なしでふらっと来る人もいた。よくこんなところまで来たな、と思う。予約もせずに、うちの住所とか最低限の情報だけ持ってやってくる。そういう人は、昔住んでいた人からの口コミが多かった。うちを見て、気に入らなかったら別のところに行こうかなという感じで、とりあえず今日はここでいいわ、と泊まっていく人もいた。

入居時の課題

一方、日本人の入居者は、かつてはビラやチラシ、雑誌の広告を使って集めていたが、今はホームページで集めている。入居が決まったら必ず、五つの目標というのを書いてもらう。夢、希望、達成したいことという感じでイングリッシュハウスにいる間の目標を日本語で書く。次にイングリッシュハウスを出てからの人生目標も五つ書いてもらう。それを英語にできるなら英語にして、今できなければ、レッスンの中で英語にしていく。目標を決めた理由も、英語と日本語で書いてもらう。ちなみに、日本人入居者は、お客様ではなく生徒として接している。

僕が若い時は、自分も経験がないので、生徒さんをお客様扱いしていた。そうすると、なんか歯車が合わなくなってくる。こちらが教えている立場なのに、お客様にすると教えにくい。今は僕も年齢を重ねてキャリアも積んで、だんだん違和感なく生徒として扱うようになった。呼び方も、最初は○○ちゃんとか○○君とか呼んでいたが、ある時からそれをやめて、すべて呼び捨てにした。今は、下の名前で呼び捨てにするというのを、最初のオリエンテーションで説明している。もしそれが嫌なら、自分でイングリッシュネームを考えてもらう。もしくは、うちの外国人講師に相談して、なんか考えてもらうように言っている。なかなかイングリッシュネームを付ける子はいないが、「なんならおれが付けたろか？」とも言っている。

大学での集客

生徒の大半は近くの関西外国語大学の学生だ。当時の関西外国語大学では他の場所での入試がなかったので、試験は大学で受ける。合格発表は自宅に送られるので、学校に来るのは受験日だけだ。以前は受験当日に外国人を使ってチラシ配りをしていた。学校側からビラ配りをしないように注意され、それからは縮小していったが、かつてはチラシ配りはイベントだった。朝から配って、テストが終わったらまた配る。朝は八時前から校門前に立ち、試験の間は行きつけの喫茶店でみんなで時間をつぶす。けっこう楽しいイベントだった。

大学側としては、好ましい活動ではなく、やめて欲しいということだったが、怒られながらもしつこく続けていた。僕は怒られることも役目なので、何回も大学に行った。菓子折を持って、「すみません」と頭下げに行って、学生課の人にめっちゃ怒られていた。でも、配っているチラシを見て、さっそくその足で見学にくる子もけっこういた。

大学側も学生に住宅を斡旋《あっせん》していて、大学のパンフレットにイングリッシュハウスも載せてもらったことがあるが、そこから入居者が決まることはほぼなかった。ターゲット層が違うのだ。大学が斡旋している住宅は、ほぼワンルームマンションで、一人暮らしを始めようとする学生向け。本当に一人暮らしをしたい学生は、うちには来ない。

寄宿のメリット

大学に入って初めての一人暮らしで、どんなものかわからないという生徒は、だいたい親御さんと一緒に見にくる。イングリッシュハウスのメリットは、大家である僕らも同居しているし、入り口に事務所があってスタッフがいることだ。へんな勧誘とか営業も気にしなくてすむし、そのあたりの安心安全の担保がある。宅急便なんかも、クールとか冷凍冷蔵品は受け取らないが、普通の荷物なら代わりに受け取って部屋の前に置い

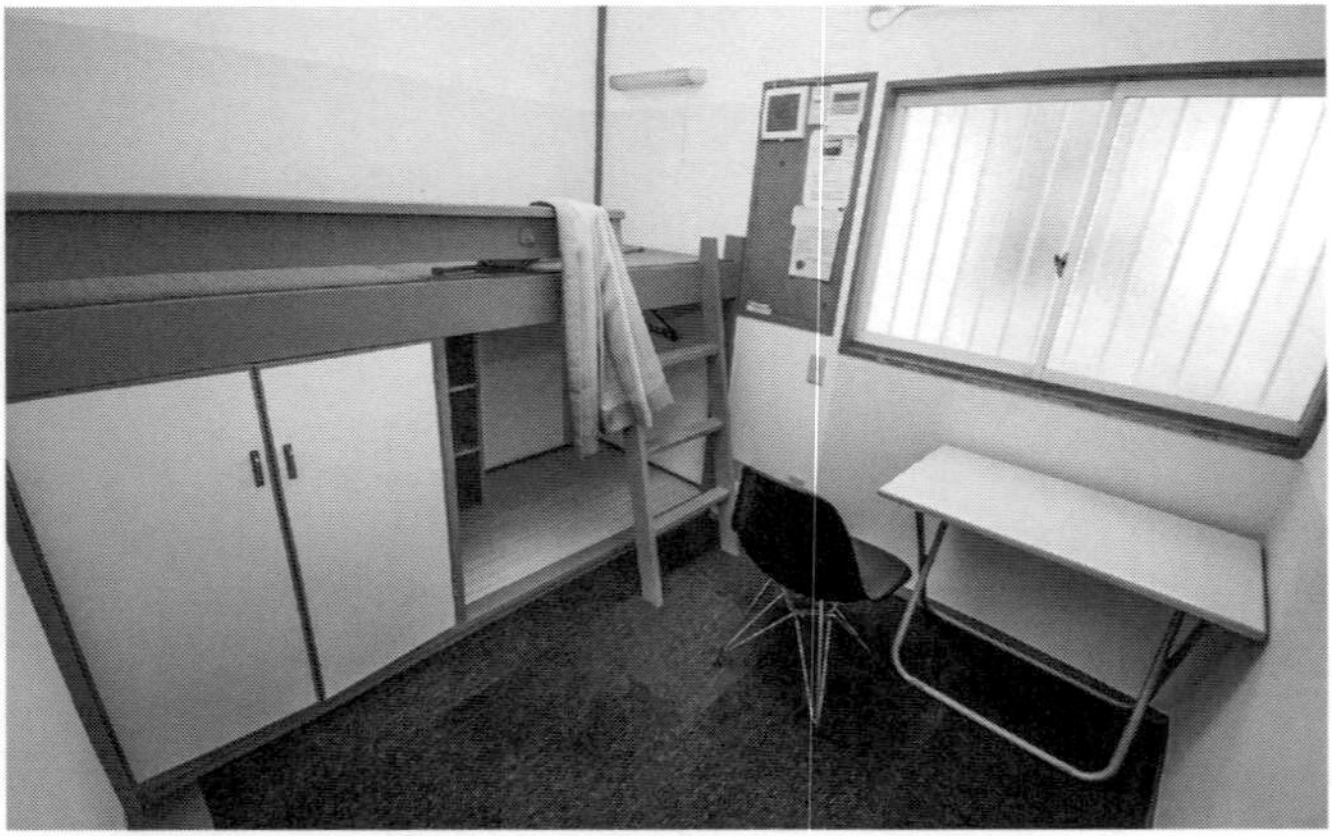

▲居室の内部。バス・トイレも付いている

てあげたりもする。それでいて個室は設備が十分にあるので、ワンルームマンションとそれほど違いがあるわけでもない。これらが条件に合って決める学生が多いように思う。

近所の賃貸物件の大家さんたちから聞いたところによると、去年からのコロナ禍で、ワンルームマンションに入居した新入生の多くが、四月下旬からゴールデンウィークにかけて、借りた部屋を引き払って実家に帰ったそうだ。授業がオンラインになって学校に行く必要がなくなったからだ。バイトもしてなければ、友達もまだそんなにできていないので、そこに住んでいる意味がなくなってしまったようだ。

うちの生徒たちは一人も帰らなかった。こ

ここには先輩もいて、同級生の友達もできている。独自の英会話レッスンも続けているので、学校の代わりになっているような雰囲気だ。今も大学はオンライン授業のままだが、みんなうちの教室でパソコンを並べて受講している。同じ授業の子もいれば違う授業の子もいるが、一台のパソコンを二人でのぞき込んだり、話し合ったりして、情報共有している。

それ以外にも、教科書とか参考書を先輩から譲り受けたり、履修の相談も前情報が手に入るので、生徒たちはいろいろと恵まれているのではないかと思う。アルバイトの紹介も生徒同士でしていたり、一緒のところで働いている子もけっこういる。そういうところが他とは違っていいのかなと思う。

2　イングリッシュハウスの人間関係

フレッシュな入居者

イングリッシュハウスでは、外国人は入居時に契約書にサインをもらうし、日本人はあらかじめ面接して、入居後にオリエンテーションでルールの説明をしている。例えば、名前の呼び方や、共有スペースの使い方など、大まかなルールはそこで説明する。生徒間では、先輩には「さん付け」で呼ぶ。そこは日本の習慣で対応している。僕は基本ルールを決めるのは嫌いだ。なぜかというと、ルールを決めると守らなくてはならないし、状況に変化があるとそれに対応して新しいルールが必要になる。煩雑だし、できれば基本ノールールで行きたいと思っている。だから、ルールは必要最低限にするように心がけている。

学生は一年生の四月に入居してくる場合が多いので、ほとんどの生徒が十八歳でイングリッシュハウスに住み始める。僕がイングリッシュハウスの経営を手伝い始めた頃は、入ってくる生徒と年も近かった。まあ、ちょっと年上のお兄さん、みたいな感じだったが、それがだいぶ年上のお兄さんを経て、今やちょっと若いお父さんの年齢に達してしまった。

よく、「英語が全然できないとイングリッシュハウスでは肩身が狭いですか？」と聞かれる。いやいや、全然そんなことはないのだ。英語力よりも、居住している時間の長さのほうがパワーバランスを左右するし、みんなとコミュニケーションをとれば、自然と居場所はできる。例えば、同じ新入生でも、英語がすごくできる生徒とまったくできない生徒がいたりするが、共同スペースでみんなと長く交流できる生徒のほうが、単純になじみやすいし居場所も確立しやすい。昔は、会話はすべて英語なんて縛りもあったが、今は基本それもない。住人の自主性に任せて、自由にやってもらっている。自由にとは言っても一緒に住んでいるという共通意識があるからか、めちゃめちゃな英語なのに意思の疎通ができていたりして、それも見ていて面白い。

人間同士が一緒に生活する以上、多少のもめごともあるし、若い男女が同じ施設内にいれば、恋愛関係になることもある。基本、スタッフとの恋愛は禁止で、それ以外はノータッチということで常識に任せている。

当然、結婚に至る場合も今まで数多くあって、たくさんのカップルが今も幸せに暮らしている。日本人と外国人の場合も外国人同士の場合も、日本人同士の場合もあるが、うちを出て数年経ってからでも、結婚したとか子供ができたとか報告をくれることが多くて、僕としてもうれしい。

国際カップルは、習慣の違いや考え方の違いもあって、ハードルが高い部分もあるが、そこが逆に障害を乗り越えようというパワーになる場合もあるのだ。

行動力のもとは恋愛パワー

うちの女子生徒の一人が、オランダ人の男性と恋愛した。彼氏は旅行者ビザだったので、うちにいた期間は二、三か月ぐらいだった。コロナが流行する前ぐらいにオランダに帰って、遠距離恋愛的な感じで日本とオランダでずっとやり取りはしていたらしい。夏休みになったら行くよとか、春休みになったらとか話していたようだが、コロナ禍で行けなくなった。だが、今年一月、年始にやっと飛行機に乗れるようになって、ついに会いに行ってしまった。この時期だし、普通だったらあきらめると思う。オランダに着いても、二週間隔離期間があるし、そもそも飛行機の便だって少なかったはずだ。

結局一か月半ぐらい行っていただろうか。このコロナの状況で、そこまで苦労して、しかも危険を冒して、普通なら行かないだろう。そこを、恋愛となると必死で行こうとする。というか、行く。その辺のパワーはすごい。当然親も反対したと思う。今は旅行とかありえない話だから、たぶん、彼氏ができたというところからちゃんと話したのだと思う。親を説得したそのパワー、実際にオランダまで行ってしまったその行動力、それがすごいなと思っている。

同じようにカップルになっても、結局離れていくケースもある。例えば、ワーホリで半年ぐらい来ていたポーランド人の彼氏とカップルになった女子生徒がいた。彼氏のほうは、日本でワーホリの期間を終えて、次にオーストラリアに行った。彼女のほうは春が来て卒業して、やっぱりワーホリでオーストラリアへ行く予定だったが、コロナが流行りだして行けなくなり、結局、卒業後は地元に帰った。頑張って親を説得したようだが、結局説得しきれなかったのだろう。このポーランド人とのカップルは、その時には恋愛を維持するだけのパワーがなくなったのだと思う。もちろん、また世界のどこかで出会って、カップルになることだってありうる。

十年ぐらい前にうちにいたフランス人と日本人のカップルで、何度も何度もくっついたり別れたりして、ついこの間やっと結婚しますと言いに来た人たちもいる。

国際結婚は難しいか

国際結婚でいうと、外国人同士がカップルになったのが今までで五十組以上はあった。日本人と外国人のカップルもあった。

いろいろ国際カップルを見てきたが、僕の持論を言うと、男性の出身国に居住するカップルのほうが長続きする。女性が日本人、男性が外国人で、日本に居住するパターンは、基本長続きしない。よくある理由としては、日本にいる外国人は、男女を問わずみんなにちやほやされる。で、勘違いする場合が多いからだと思う。

国際恋愛はなかなか親が許さないパターンが多い。結婚に発展すると遠い国で生活することも多いし、信頼できる相手かどうか、親の立場では心配なことが多いのは当然だろう。ただ、生活のしきたりが違うとか、そういうのは近年だいぶましになったと思う。昔、母がやっていた頃は、日本人の女の子の親が怒鳴り込んできて、めちゃめちゃ怒られるということがあったそうだ。日本人と外国人が男女問わず、一緒に生活しているイングリッシュハウスを、いかがわしい場所だと思われたようだ。

袖触れ合うも他生の縁

思い出深いというか、面白かったカップルの話をしよう。日本に来る時の飛行機で隣り合わせになった男女二人の片方が、うちで宿泊予約をしていた。で、飛行機の中で仲良くなったらしく、チェックインでうちに来た時に、もう一人を連れてきた。こちらは一人と聞いていたので、一人分の準備しかしていなかったが、その場でこの子も宿泊できるかという話になった。予約していたのはドイツ人の男の子で、連れてこられたのはチェコ人の女の子だった。

あいにくその時は満室で部屋がなかったが、うちは二段ベッドなので、同部屋でよければということで、泊まることになった。彼らにしたら、「安くなるなら全然オッケー」みたいな感じで、結局同部屋でステイしてカップルになってしまった。カップルになったのがその時かどうかは知らないが、その後、結婚したよと連絡があって、「まさか僕たちが結婚するなんて！」と言っていた。

部屋がなかったのは仕方ないことだが、飛行機で隣の席だったから、という始まりからすべて、まさにご縁とタイミングで結果的には結婚してしまった。二人は半年ぐらいイングリッシュハウスにいたが、気さくな性格で、よくみんなと交流していた。

こういうことが、日常的にイングリッシュハウスでは起きるし、世界中のあちこちから、今でもいろんな人が連絡をくれる。僕も、機会があれば会いに行くし、また日本に来た時にイングリッシュハウスに寄ってくれる人も多い。

外国人が日本に来るわけ

僕は今まで、日本に来る外国人を何千人と見てきた。いろいろな人がいるし、一概には言えないが、日本に長期で来る外国人は、自分の国の生活であまりフィットしなかったというか、自分の国が嫌になって来た人が多い気がする。特に欧米人、中でも北米の男性の場合、ちょっと印象がなよっとしているとか、最近ではオタクっぽい人も多い。日本人よりも日本にこだわりのある外国人もいて、例えば緑茶の淹れ方にものすごく詳しい人がいた。日本人はお茶なんて簡単に淹れてしまうが、おいしい淹れ方はこうするとか、茶柱の立て方とかも知っていたりする。なんでそんなの知ってるの、日本人でも知らん、というような知識を持っている。

どんな人でも、日本だと外国人だということだけでけっこうちやほやされる。遠い国から、はるばる来てくれただけで、日本人は喜んでしまうからだ。日本にいるとみんなが優しくしてくれて、心地よいというのをよく聞く。

最近は日本もそんなに景気がよくないので減ったが、一時は仕事を探しに来る人が大多数だった。観光ビザで来て、うちにステイしながら仕事を探してそのまま居座るというパターンがかなり多かった。ちょうど僕が引き継いだ前後ぐらいが一番多かったのではないだろうか。就職活動中の宿泊者がすごく多くて、それはそれでいろんな情報が飛び交っていて面白かった。

カナダから送られてきたケーキ

年配の滞在者ということでは、一人思い出深い人がいる。二十数年前、まだパソコン通信にＩＳＤＮが使われていた時代の話、カナダから来ていた先生で、四十前後くらいの男性がいた。カナダで仕事がうまくいかなくて、日本に仕事を探しに来たが、観光ビザで入っているので、三か月以内に仕事を見つけないと帰らなければならない。最初の三か月では決まらなくて、韓国に一回行ってまた戻ってきた。それぐらい、どうしても日本で働きたかったらしい。カナダのモントリオール出身で、カナダに奥さんと小さい子供を残して来ていた。すごく背が大きい人で、生活が長くなってくると靴がすり減って、新しい靴が欲しいと言われた。だが、靴のサイズが三十四センチだと言う。日本には売っていなくて、探すのが大変だった。

その人の奥さんが、サンクスギビングだかクリスマスだかに、はるばるカナダからケーキを送ってきた。彼は、何週間も前から、「僕の奥さんがケーキを送ってくる、彼女の

「ケーキはとてもおいしいんだ！」と言って、到着をとても楽しみにしていた。届いたらみんなで食べよう、と言ってくれていた。やっと到着して、さあ食べようぜって開けたら、なんと、見事にカビだらけだった。パンみたいな固いケーキで、壊れないように丈夫な缶に入れて、船便で送ってくれたのだが、さすがに時間がかかりすぎたのだ。彼がすごく楽しみにしていたのをみんな知っているだけに、ちょっと悲しい出来事だった。

彼は結局仕事が見つからなくて、半年で帰ったのだったと思う。当時イングリッシュハウスでは共有パソコンを置いていたが、みんなで取り合いな感じだった。僕は専用のラップトップがあったが、いつも彼は僕に「申し訳ないんだが」(I'm wondering) と言いながら、「パソコンちょっと貸して」と言いに来る。彼のその言葉が、毎日言われたもんだから今でも耳に残っている。

今から十五年ぐらい前までは、海外からの旅行者をマンスリーで受け入れる宿泊施設があまりなかった。今はウィークリーとかマンスリーのマンションもあるし、ゲストハウス、シェアハウス、ユースホステルなどだいぶ増えたが、当時は、宿泊施設といえばホテルと旅館が主流だったので、一泊いくらで計算すると一か月ですごく高くなる。それで、月単位で泊まれるうちに来た人が多かった。

海外から来て、いきなりアパートを借りるのは、今でもちょっと難しいと思う。ネットで探してアパートを借りて、来てすぐ入居というのはものすごく難しい。日本の場合、基本は家具も付いていないので、すぐに生活できない。外国人がガスの開栓とか電気の開始手続きとかをするのも難しいだろう。今は競合が増えたので、昔のようにはいかないが、そのあたりが、うちが選んでもらいやすい理由だった。

3　同居してわかる習慣の違い

靴下とスリッパ

僕はこのイングリッシュハウスでたくさんの外国人、特に欧米人と暮らしてきたが、些細なことまで含めれば、文化の違い、習慣の違いは嫌というほど見てきた。

例えば、靴下とスリッパ。日本人は、スリッパは自分の靴下が汚れないためにはく。欧米人は逆で、自分の足が汚いから周りを汚さないために靴下やスリッパをはく。日本人には考えられないが、裸足で外に出て、足が汚いから、家の中でスリッパをはく、靴下をはく。こういう、日本人と欧米人で認識があべこべというのがけっこうあるのだ。どういう時に裸足で行くかというと、以前は表に自販機が置いてあって、みんなよくジュースを買っていたが、そこに行くぐらいは裸足で行く。館内でスリッパをはいているのに、それをわざわざ脱いで、裸足で自販機まで行ってジュースを買う。帰ってきたら、館内を汚さないように靴下、またはスリッパをはくのだ。そういうのが普通だ。

だいぶ日本の習慣に慣れてきても、ちょっと忘れ物した時、日本人は必ず靴を脱いで取りに戻るが、欧米人はちょっとだったらセーフだと思っていて、靴のまま入ってもいいと思っている。新しい靴ならなおさらで、自分の部屋ではいてそのまま出てくる。注意すると、これは新品だから大丈夫、と言う。こちらからすれば大丈夫じゃない。

基本、欧米人には下履きとか上履きとかいう概念はない。海外から到着した日は、みんな当たり前のように土足で上がっていく。「おいおい」と呼び止める羽目になる。向こうにしたら、「え、靴脱ぐの？　靴箱って何？」ということになる。去年あたりから、コロナで衛生概念というのが話題になって、日本人の靴を脱ぐ文化が注目を浴びたが、彼らにとって日本のスリッパ文化はまったく未知の領域だ。

洗濯機でスニーカーを洗う

あとは洗濯機。うちはコイン洗濯機を置いている。日本人では考えられないが、欧米人はスニーカーを洗濯機で洗う。ゴトゴト音がしていて気がついて、「なに洗濯してるの？」と聞くと「スニーカー」と言う。そのまま乾燥機もかける。これもすごい音がする。同じ洗濯機で服を洗うのは日本人的には嫌なので、うちは一時一台だけスニーカー用にしていた。

欧米人は夜、裸で寝るのも普通らしく、素っ裸で寝る人もいる。風呂からあがるとびちゃびちゃで出て、バスローブを着る。日本ではそういう使い方はあまりしないと思うが、あれは体をあまり拭かずに着るものらしい。日本人は、バスローブがあっても身体を拭いてから着る。それを見ると欧米人は驚くのだ。「バスローブがあるのになぜ体を拭くのか？」と言う。どちらが合理的とか、どちらが正しいとか、そういう問題ではなく、とにかくお互いに驚くのだ。

食べ物でもいろいろある。例えば、日本人はご飯にお茶や味噌汁をかけたりするが、欧米人は牛乳やコーラをかける。牛乳は最近リゾットやドリアが一般的になっているから、まだわかる。コーラはいまだに理解できない。おいしくないだろうと思うのに。

同じような例はいろいろあって、例えば、水が貴重な国の人とかは、食器を洗ったあと洗い流さない。洗剤がついていてもそのまま乾かす。自分の分だけなら、まあ勝手にしてもらっていいが、他人の分もやられると少し困る。認識の差にお互いに驚くのだ。

真夏の革ジャン、真冬の短パン

世界には、日本ほど四季がはっきりしていない国も多くて、季節に合わせた服を着るという概念が薄い。真夏に革ジャンを着ていたりしても普通だ。それは日本の今の季節だとおかしいよと言っても、「何がおかしい？　私は今日これが着たいからこれを着る」と言われる。逆に、真冬に半袖短パンで出かけたりもする。さすがに帰ってくると寒かったと言うけど、それだけだ。雨でも傘を差さない。びちゃびちゃに濡れて帰ってくる。もともと傘なんて持ってない場合もある。「雨だから濡れて当然じゃん？」みたいな感じで、そう言われるとそうだねとしか言えないが、そういうことがざらにある。

だいたい寒い国の人ほど薄着だ。理由を聞いたら、日本の冬は全然寒くないと言う。日本の冬ぐらいなら暖かいそうだ。彼らの国の春ぐらいのもんで、全然平気だという。そもそも、寒い国の彼らの家の中は、気密がよくてすごく温かい。北海道でもそうだと聞くが、二重扉とか二重サッシとかで、家の中は薄着で過ごせるという。寒い国の人は分厚いコートや毛皮帽子のイメージがあるが、実際は日本の冬の室内だと、半袖短パンなのだ。逆に、暖かい国の人は、日本の冬に来ると本当に寒がって、「こんなに寒いのは初めてだ」なんて言う。でも、雪を見るとテンションが上がって、「初めて見た！」となる。この間来ていたタイ人とカンボジア人の留学生もめっちゃ喜んで大はしゃぎしていた。ジャンパー着て厚着して、帽子までかぶって外ではしゃいでいた。

外国人からすれば、その時自分が着たい服を着て、出かけたいように出かけるのに、他人からルールを押し付けられる必要はない。そういうところは、日本人はちょっと見習ってもいいかもしれない。暑くても、寒くても、濡れても、自分がやりたいようにする分には、すべて自己責任だ。

電話でもお辞儀

逆に、日本の習慣の中で、彼らにとっては不思議でならないものがある。例えばお辞儀文化も、欧米人からは謎だ。なぜ頭を下げるのか。電話でお辞儀をして謝るのは、特に不思議だそうだ。「あれはなんで頭を下げるのか？」と言われる。相手に見えない、

▲イングリッシュハウスの授業風景

わからないところで頭を下げる必要はない。言われてみればそうなのだけれども、こっちだって習慣でやっているので、理由なんて聞かれてもわからない。これはよほど気になるようで、よく言われた。公衆電話を置いていた頃、そこで電話しているのを見てよく言っていた。

日本人は、悪くなくても習慣的にすぐ「すみません、申し訳ありません」と言う。日本人的には、謝罪の意味で言うわけではなくても、外国人には理解しがたい。電車が時間通りに来るのになぜ謝るのか、と何人かに聞かれた。「お待たせして申し訳ありません」みたいなアナウンスをされるのが不思議なのだそうだ。

日本と欧米であべこべの例はほかにもある。外国人講師はテストを採点する時、○を付けるのではなくて「✓」のようなチェックを入れるというのがある。チェック＝○なんだが、それが日本人は気に入らない。×みたいに感じるからなんとかならないか、と日本人の生徒から何回か言われた。そこで、それを講師の先生に伝えると、「わかった、気をつける！」と言うのだが、あまりにも習慣化している癖なので、なかなか直らない。こういうあべこべは本当にたくさんある。

パーティースキルを身に着けよう

日本人の女の子はお化粧しても、まったく別人！となる子はそう多くないと思うが、外国人はパーティーとなると、ごてごてにおめかしする。本当に誰かわからんくらい変身する。

イングリッシュハウスでもパーティーは頻繁にやるが、とにかくパーティーの経験値が全然違う。日本人はパーティーってどう楽しんでいいのかわからない。欧米人は「自分が楽しけりゃいいのよ！」という感じで、楽しむのがうまい。その辺は欧米人のほうがはるかに長けているというか、上手というか。

パーティーでちょっと挨拶とかさせても、欧米人はぶっつけでも誰でもそこそこできる。日本人はなかなかできない。そういう機会があまりないから、ということもあるが、しゃべれなくなったり、必要もないのにごめんなさいと謝ったりしてしまう。欧米人はおとなしいやつでも、自分に振られるとそれなりにしゃべれるし、その経験値の差は歴然だ。日本人は人前でしゃべることに慣れてなさ過ぎると思う。

子供と外国人

五年ほど前の話だが、枚方の小学校の週末イベントで、PTAに依頼されて外国人との交流会みたいなのをやっていた。留学生とかを四、五人連れて行くのだが、四年生の一人の男の子が、初めて黒人を見て、何か黒いのを塗ってるもんだと思ってしまった。「なんでこんな黒く塗ってんの？（色は）消えるんか？」「髪の毛ちりちりなん、パーマあててんねやろ？」と、質問攻めにした。「何？塗ってるてどういうこと？」と聞いたら、肌が黒いから何か塗っていると思いこんでいて、同じ質問をし続けていた。よほど気になるらしくてずっと追いかけまわしていたが、子供にしたらそういうふうに見えてるんだと衝撃的だった。

子供と外国人の交流は面白い。もちろん英語はできないので、子供たちも最初はもじもじして引いているが、知らない間に溶け込んで、気がついたら抱っこされたりおんぶされたりしている。ノンバーバルでもここまで仲良くなれる。

一日遊ぶと最後お別れで子供たちがみんな泣いて、それ見て留学生も泣いちゃうとか、そんなシチュエーションになる時もある。留学生のほうからは、そういう時、どこまでどう扱ったらいいのかわからないという質問はけっこうある。「おんぶ、おんぶ」と言われるけど、「おんぶって何?」とか、「おんぶしていいの?」とか。純粋に相手に興味を持って接してくる子供たちには、言葉の壁なんていっさいないのだ。

飲酒の作法

日本では、お店や家ではないところでお酒を飲む機会がよくある。お花見などは公共の場所でお酒を飲むわけだが、外国ではそれは違法なところも多い。日本に来て、電車で酒を飲んでいる人を見てびっくりする外国人が多い。特に長距離だと、当たり前のように駅弁とビールだが、それも外国人には驚きのようだ。海外の場合、移動中の飲食は、基本的には食堂車とか、決まった場所になる。外で飲んでいいのかと聞かれることも多い。

あとはやはり自動販売機の多さに驚く人が多い。「あれは僕たちからすると金庫が置いてあるのと同じだ！」と言われたこともある。あれが持って行かれないところがすごい、日本はすごい治安がいいんだね、と言われる。海外では、自販機はあっても室内、施設内だ。エコロジー的には批判もされるが、日本の自販機の多さにはびっくりらしい。

日本のコスパのよさ

最近、外国人が日本にたくさん来る理由というのは、実は日本が世界中で一番コスパがいいからだと思う。いろいろな国に行ってきたが、日本の回転寿司とか、世界最強だ！日本はとにかく、牛丼屋にしてもうどん屋にしても外食が安い、早い、おいしい。サービスもいい。そのあたり、日本がベストだ。コンビニにしても、ちょっと長く海外にいて、帰ってきてコンビニに寄ると、感動するぐらい素晴らしい。丁寧な接客、品ぞろえも抜群で、お弁当を買えば、箸やスプーン、お手拭きまでくれる。日本人でもそう思うのだから、外国人はなおさらだろう。コンビニのすばらしさは、今回のオリンピックでも、海外で大げさなほど報道されていた。

国を挙げて外国人観光客を誘致している、というのはもちろんあるが、そういうきめ細かな良さがあって、皆さん日本に来る。コロナ禍の前までは右肩上がりで訪日外国人の数は増えて行っていた。もちろんコロナが収束すれば、またこぞって来ると思う。

日本人は日本の生活のクオリティが当たり前だと思っているけど、世界では全然当たり前ではないということ、それは知っておくべきことだと僕は思う。日本に来ると、心理的に居心地がいい。さらにその上、コスパがいいというのも日本に長く住む理由になる。イングリッシュハウスの次の展開としては、ノマドワーカー的な働き方をする外国人を呼びたいと思っている。ネットさえあれば仕事ができる人はたくさんいる。そういう人達の長期ステイの場所にできるといいと思っている。

百均の魅力

僕は百均によく行く。海外へのお土産はたいがい百均でそろえている。なにせ品ぞろえがすごい。大阪市内に行くと、大型店舗のでっかいダイソーがあって、本当に何でも売っている。外国人を連れて行くと、「こんなものも百円で売っている！」と夢中で買っていく。安いうえにしっかりしたものを売っているのだから、これもまた世界最強だと思う。

ダイソーは世界あちこちに進出しているが、海外のダイソーはだいたい値段が日本円にして三百円とか四百円とかで、百均とはいえない。アメリカのダイソーはオンライン注文ができて便利だが、日本の百均の品ぞろえの充実ぶりは、たとえ海外のダイソーを知っていても驚異的だ。日本人気の理由にはこういうところにもあると思う。

僕が思うには、日本人は欧米人に弱い。だから、日本に来ると欧米人はちやほやされる。アメリカ人はアメリカにいたらただの人だ。アメリカではとても人気者になれない人でも、日本に来ると人気者になって優越感を得られる。これが日本に来たい一番の理由で、彼らからすれば日本の一番ええとこやと思う。今後も、外国人は日本にこぞってくる。それは間違いない!

外国にないもの

昔テレビで見たが、「肩こり」は日本にしかない言葉で、例えばアメリカ人は肩がこっていても、そういう概念がない、言葉もないそうだ。たしかに、肩こりを英訳すると

stiff shoulder と出てくるが、これは肩の関節が動きにくい、例えば四十肩とかの症状に相当する。

これに限らず、言葉でもモノでも、日本にしかないものはゴマンとあるわけだが、海外になくて外国人にすごく喜ばれた話をひとつしたいと思う。

少し前の話。外国人のカップルがうちで結婚式を挙げた。その時に、皆で何かプレゼントをしようとなって、何にしようかと考えて、ラブホテルの一泊を用意してあげた。近くの一番いいラブホテルに行って、予約して会計を済ませ、それをプレゼントにした。で、二人が帰ってきたら、日本にはこんなホテルがあるというのを初めて知ったみたいで、ラブホテルすごいってめちゃくちゃ感動していた。ベッドが回るんだぜ、とか。金額のコスパの良さにも感激していて、そのあと二人でラブホテルに泊まりながら日本中を行脚していた。

最近は日本のラブホテルも有名になってきて、旅行で来た外国人がラブホテルに泊まるのもスタンダードになりつつあるようだ。カップルでないと泊まれないので、カップルで日本旅行する時は、ラブホテルに泊まるのがちょっと流行っている。基本的に誰とも会わないのでそれもいいのかもしれない。海外にはモーテルしかないので、日本独特のモノだ。

日本にはまだまだ、海外から見たら非常に魅力的なコンテンツが眠っていると、僕は思っている。日本に来て何にはまるかは人それぞれだ。銭湯に行って、みんな真っ裸になるのに驚いて、とても入れないという人もいれば、すっかり気に入ってしょっちゅう行くようになる人もいる。納豆が好きになって自分の国に帰ってからもアジアンショップで探して食べる人もいるし、立ち食いソバ屋にはまってしまって、「日本で食べた一番おいしいものがとり天うどんだ！」と断言する人もいる。

日本では日本語で話しかける

日本の観光地も、近年外国人の対応を積極的にしている。例えば京都は最近、ほぼ英語対応はできている。五年ぐらい前はまったくできていなかったので、最近知って僕も驚いた。

京都はお店で外国人が道を聞くと、普通に「ゴーストレート、ターンライト」ってやっている。最近外国人観光客に対応して、大手の百貨店も英語の接客マニュアルを作っているそうだ。ただし、外国人が来た瞬間、接客する側がテンパってしまって、マニュアルがあることが頭から飛んでしまうこともよくあるみたいだ。

ひと昔前は、外国人に話しかけられるのを避けるために目を合わせないとか、隠れる人もいた。その時代から考えれば、テンパってしまってもマニュアルが作られていて努力している現在はよほど違うだろう。

一方外国人も日本語がしゃべれる人が多くなってきた。僕は、電車で降りる駅がわからなくて困っている外国人がいるとよく話しかけるが、日本にいる時は、基本最初は日本語で話しかける。相手が英語を話すかどうかわからないので日本語で話しかけるが、最近は日本語で返ってくるようになった。自分が難しいと思うなら、英語で話しかけるよりは日本語で話しかけてみるほうがいいと僕は思う。日本人はどうしても、外国人には英語で対応しなくちゃ！という気持ちが強い。日本なんだから日本語でいいじゃないか。

よく友達から携帯に、「困ってる外国人がいてんねんけど聞いたって」みたいな連絡が来る。僕は「それ有料やねんけど」といつも答える。時間がある時は対応するけれども、正直日本語でいいやん、と思ったりするのだ。

英訳する前にシンプルな日本語に

僕が英語で話す時にいつも意識しているのは、日本語は難しいということ。文法も言い回しも難しい。英語と語順が違うので、頭で考えている日本語をそのまま英訳するのはすごく大変だ。だからまず、日本語を簡単な形に直す。和文和訳で、シンプルな子供が使うような日本語に変換してから英訳する。これをやると、意外とすんなり英語が出てくる。日本人は中学から英語をやった人が多く、中卒でも三年、高卒なら六年、大学に行っていれば十年も英語に触れているわけで、ある程度ベーシックな能力は持っている。語彙力、単語力はもちろんあるので、それを意識するだけでだいぶ出てくると思う。

うちの生徒でも、勉強のできる賢い子、成績がいい子に、「water という言葉を使わずに水を説明してみて」と言うと、なかなか小難しいことを説明しようとして、聞いていてもわからんというのがよくある。僕は学がないので超シンプルに考えるし、シンプルに伝えると伝わる。子供の言葉だとすぐ伝わる、そういう感じだ。極力もとになる日本語をシンプルに、というのが大事なことだと思う。

それと、日本人はジェスチャーをほぼ使わないが、ジェスチャーでほとんど伝わることも多い。コミュニケーションにジェスチャーを多用すればもっと伝わることが多いのに、といつも思う。

もっと気楽にコミュニケーションを

英語が全然できなくても外国人と上手にコミュニケーションできる人がいる。逆に、ＴＯＥＩＣ満点とっても英語でコミュニケーションできない人もいる。僕はずっとイングリッシュハウスで見てきて、やはり環境は大事だと思う。同時に、お互い同士の波長が合えば、言葉に頼らなくてもすごく盛り上がる、という経験もある。

いろんな人をアテンドして海外に連れて行ったりするのだが、僕の知人で、初めて連れて行った時に現地の僕の友達とすごく仲良くなって、英語はできないのにすっかり盛り上がった人がいた。同じ人と、今度は仕事で一緒に別の国に行って、現地の人たちとちょっとしたビジネスミーティングをしてもらったら、その時はまったくコミュニケーションをとれなくて、何を言っているのか全然わからなかったらしい。この前は英語が話せなくても通じ合えたのに、この違いは何なのだろう、と本人がすごく不思議がっていた。気持ちの問題もあるし、環境の問題もある。その時の状況でこんなにも変わるのだということは、僕も実感した。

僕はイングリッシュハウス内ではあいさつのあとに日本語で「ゲンキ？」と聞くようにしている。声掛けの言葉を「ゲンキ？」にするまでは、どう声をかけるかいろいろ考えていた。英語にするのももちろんひとつの手だったが、みんな同じ言葉にするのはなかなか難しいし、人によって変えるほどはバラエティがなくてうまくいかない。結局落ち着いたのが、あいさつのあとに日本語で「ゲンキ？」だった。

日本人は英語の挨拶というと、授業で最初に習う「Hello, how are you?——I'm fine thank you, and you?」というのがもう、こびりついている。これって日本全国そうだと思うが、アメリカ人とかオーストラリア人からすると、それがすごくカワイク聞こえるらしい。あんまりこういうのは言わないし、それがすごくカワイイのだそうだ。何がカワイイかこっちにはわからないが、僕はもう、日本人はこれに特化すればいいと思う。挨拶はこれで行くみたいな。これぞ「日本語英語」だと思う。

第６章

未来に向かって種をまく

1　アジアの魅力

バンコクを起点に動く

　僕は、ここ数年はしょっちゅう海外に行っている。カンボジアやウズベキスタンに数回、あとはあちこちに何度か行く感じだ。仕事の都合もあって、今はアジアに行く比率が高い。カンボジアもウズベキスタンも直通がないので、経由地で何泊かしたり、そこからさらに足を延ばして別の場所に行ったりもする。もっとも、コロナの影響で去年の二月にフィリピンに行ったのを最後に、それからはどこにも行けてない。もちろん、自由に行けるようになれば、すぐにまた行こうと思っている。

　僕が今まで最も頻繁に行った都市は、たぶんタイのバンコクだ。バンコクの空港はハブ空港になっていて、いろんなところからの路線の乗り継ぎで利用される。バンコク経由でどこかに行くとか日本に帰るとかが多い。僕が初めてバンコクに行ったのは二十三歳ぐらいの時だ。当時、ナンバーワントラベルという格安航空チケット会社があって（のちにＨＩＳに吸収合併された）、たまたま僕の時間が空いていた期間で、一番安いチケットはどこかと聞いたら、バンコクがありますよと言われた。「お得な値段です」と勧められたので、初めてのバンコクに、一人で行くことにしたのだ。

僕は初めてのところに行くのに必要最低限しか調べない。調べ出したら止まらないので、あえてそうしている。プランもほとんど決めないで、空港で誰かナンパしたらええか、みたいな感覚で行く。関空で誰かに声かけてもいいし、飛行機内でも出会いがあるかもしれない、そういうアバウトなやり方で行っている。

旅のベテラン

その時は、あまり一人旅の人もいなくて、機内で誰かと話すこともなくバンコクに着いた。空港であたりを見回すと、ぼろぼろのバックパックに草履を引っかけて、ものすごくなじんでいる感じの人を見つけた。この人ベテランかも、と思って声をかけると、タイに十回以上来ているという大阪人だった。「どこ泊まるんですか？」と聞いてみると、カオサンストリートという有名な安宿街に行きつけの宿があるという。僕もカオサンストリートで泊まるつもりだったので、同行させてもらうことにした。

カオサンストリートまでどうやって行くのかと思ったら、一番安いバスで行くという。当時はバスに二種類あって、エアコンが付いているかいないかで、運賃が違う。もちろんノンエアコンバスのほうが安い。当然暑いわけだが、それに乗って、最寄りのバス停で降りた。聞くと、宿までは歩いて五分ほどだという。それで歩き出したはいいが、ちっとも宿にたどり着かない。五分と言われたのに一時間してもたどりつかない。迷い過ぎやろ！ もうええわ、と別れようとした時に「あったー!!」とやっと宿が見つかった。忘れもしない、CHOみたいな名前のゲストハウスだった。

相手も予約はしてなかったので、二人で部屋があるか聞いたら、ツインならあるという。値段は当時で一部屋三百円。僕は安くなるので全然かまわなかったし、相手もいいというのでチェックインした。当時カオサンストリートは日本人もけっこう多く、食事に行った先で、一人で来ていた日本人の女の子を見つけた。声をかけて三人で盛り上がり、翌日はどうするか、なんて話した。

そのベテランの人は、今からラオスに行くという。バンコクからラオスはけっこう遠い。飛行機に乗って、ラオスの首長族に会いに行くというのだ。さすがにそこまではついて行けないと思い、女の子は近くを散策すると言うので一緒に行くことにした。

その日は宿に戻って寝て、早朝にふと目が覚めると、全然知らない若い男が隣に寝ている。すごいびっくりして、とりあえず起こして、「お前なんでここで寝てる？」と聞くと、

「朝ごはんを食べていたら、和二《かずじ》くん（ラオスに行った人）と一緒になって、着いたばかりだし今からどうしようかなと話したら、和二くんはこれからラオスに行く、相部屋に友達がいるからそこで寝ていいよ、と言われたから寝ていた」と言う。追い出すわけにもいかないので、まあ仕方ないしいいよ、ということで、彼と五日ぐらい一緒にいることになった。

彼はインドに行って帰ってきたそうで、いろいろインドナイズされている。インドをすごくリスペクトしていて、飯も右手を使って手で食べる。もちろん箸もスプーンもあるのに、「使えば？」と言うと、「いや手がいいんですよ」と言う。すごく変なやつだった。その宿は日本人御用達の宿だったので、その日に入ってきた近大生と京大生と東京の大学生の三人組と仲良くなって、その夜は楽しく飲んだ。

タイの風俗でひと騒動

三人は初海外、初バンコクだった。僕もバンコクは初めてだが、一日早い分、ちょっと知ってるふうをふかして案内をしてあげた。で、若い男が五人集まって、タイといえば風俗だということで、みんなで行こうとなった。タイの風俗は、お店で指名して連れて帰るのだが、京大生が選んだ子が明らかに男みたいな感じで、「お前これ男ちゃうの？」「いや、女だって言ってる、大丈夫」「えー！」みたいな感じで、そのままホテルで別々の部屋に分かれた。

ところが、部屋に入ったとたんにドアをすごくノックされる。何かと思ったら、インド帰りのやつの相手の女の子が来ていて、すごい勢いでまくしたてる。こいつは金がないからこいつの分の金を出せ！と言うのだ。そう言われても、僕も金はないし、「なんで僕が出さんなあかんねん」と言うと、インド帰りが「どうにか貸してくれ」と言う。僕もぎりぎりしか持ってないので、「ならこれはお前に貸すから僕はもうええわ」と言って、連れてきた女の子に「ごめん、こういうわけで金がないから」と謝った。そしたら今度は連れてきた子がすごく怒りだして、「貸すから悪い！ATMがあるからおろして来い！」と言う。僕ももう気分悪いし、その気にもならんから断っているのに、怒って話にならない。

そのままでは埒が明かないので、ATMまで一緒に行こうと外へ出た。歩いていると、ちょうど向こうからお巡りさんが来たので、僕はお巡りさんに助けを求めた。もちろん女の子もタイ語でまくしたてる。お巡りさんも困っただろうが、僕の味方をしてくれて、女の子を追い払ってくれた。まあ、窮地は脱して、お巡りさんにたくさんお礼を言った。大変な目にあった上に、結局、インド帰りに貸したお金は戻ってこなかった。

和二くんと仲良くなる

これは働き出してすぐの頃で、確か母から、お盆休みに一週間働いてくれたら、その代わりお盆の前に一週間休んでいいと言われたのだったと思う。友人たちは、お盆の前の一週間なんて忙しくて誰も遊べないので、ふらりと海外に行った、その時の体験談だ。その時に知り合った、首長族を見に行った和二くんとはそのあとすごく仲良くなった。和二くんは実家が大阪で、敦賀で働いている。そこに、毎年夏冬遊びに行っていた。飲みに行こうとした日がたまたま中学の同窓会と被って、連れて行ったこともある。実は去年も飲みに行った。

僕にはバンコクはいろいろ面白かった。当時バンコクにはそごうデパートが出店していて、毎日そごうに行ってトイレをしていた。宿のトイレは洋式だが便座がなくて、どうやってすればいいかわからなかった。そごうのトイレはきれいだったのだ。宿のトイレは紙がなくて、水鉄砲みたいなのが付いていて、これも使いにくい原因だった。

この旅をきっかけに、僕はアジアにすごく行くようになった。

カンボジアで見つけた相棒

バンコクの東、カンボジアでは七年前ぐらいから仕事をしていて、毎年数回は行っている。最近、知り合った現地の人と協力して、まったく違う分野だが、カンボジアで泡盛を作り始めた。さらに、畜産を始めようという話もあって、牛を飼う事業が進行中だ。カンボジアではシェムリアップという、アンコールワットがある街を拠点にしている。

七年ぐらい前に初めて行って、ちょっと商売をしてみようかと思って、不動産屋をあたった。当時は不動産屋で英語対応をしているところが三軒ぐらいしかなかった。そのうちの一軒の、物件を案内してくれた不動産屋は、現役大学生と当時三十前ぐらいの若い人がやっていた。大学生は英語がけっこう上手だが、上司のほうはそんなにうまくはないという感じだった。その、上司のほうとえらく馬が合ってめちゃ仲良くなってしまった。行くたびに飲んで遊んでしていて、その人が紹介してくれた物件を借りて、十五部屋ぐらいのビジネスホテルみたいなのを始めた。

彼は僕と遊ぶようになってから、行くたびにみるみる成長して、デベロッパーみたいになってきた。もともと素質があって、それが一気に開花した。何度か行くうちに僕のほうから、「えらい儲かってるやん、そのビジネスにも入れてよ！」みたいな感じで入れてもらって、ずいぶん投資した。今は、コロナのせいでちょっと回収不可能みたいな状態だが、まあこれからも付き合いは続くので、どうにか回収したいと思っている。僕がやっているユーチューブにも、何度か彼は一緒に出ている。

不思議の国ブルネイ

マレーシア、シンガポールもよく行く。ブルネイもこの間行ってきた。ブルネイは王国で、地球上に二つしかないという七つ星ホテルがある。そのホテルを見に行った。イスラムの国なので、酒の販売はない。普通はイスラムの国でも、高級ホテルでは外国人用に出しているが、ブルネイは徹底していてホテルにすら置いてない。どうしても酒が欲しければ国境をまたいでマレーシアに行け、ということだ。

街に出てみると、車はたくさん止まっているのに人が歩いてない。建物内に人はいるが、誰も外を歩いてない。暑いからというのもあるだろうが実に不思議な国だった。

資源の豊かな国で、国民の七十％が公務員だそうだ。博物館に行ったら、平日で全然客がいないのに、チケットを売る人はカウンターに七人いる。規模から考えると一人でもよさそうなのに七人いて、ずっとおしゃべりをしている。国営の博物館で、当然公務員だ。施設はほとんどが国営だ。川の上に住んでいる水上生活者がいるが、その人たちも働いていないが国から金をもらっている。

たまたま日曜日に市民公園でサンデーフェスティバルというのをやっているというので行ったら、黒塗りの車が七台、ぐわーっと入ってきて、そこから国王さんが降りてきた。追いかけたら手を振ってくれて、一緒に写真も撮ってくれた。

とにかく何もなくてすることがない。暇を持て余して大変だった。ブルネイは全部見たので、もう行く必要はないし、たぶん僕はもう行かないと思う。

スリランカとパキスタン

アジアは主要なところはだいたい行ったと思う。でもインドは行ってなくて、スリランカは二度行った。スリランカ人とインド人は戦争していたこともあるのでお互いに嫌っているようで、スリランカ人にインドだけは行かないほうがいい、とさんざん言われた。「じゃあやめときます」ということで僕もインドには行ってない。

僕がスリランカに滞在している時に、僕の友達が雇っていたスリランカ人が、インドに出張で一泊行っていた。帰ってきてから「インドはどうやった？」と聞くと、「僕、インドは二度と行きたくないです」と言う。危険で汚いと言う。スリランカもそんなにきれいではないが、世界遺産が多いので見どころはある感じだ。ただ、交通インフラが悪いので、車がないとしんどい国だ。

パキスタンはいろいろとビビった。パキスタンとインドの仲が悪い時期に行ったので、街から街の移動でも、境界線で必ずパスポートの確認や荷物検査がある。なかなか目的地まで着かなかった。しかも、ちょうどラマダン月に行ったので、全然飯を食えなかったりした。

初めてだったので、イスラマバードのＪＥＴＲＯ（日本貿易振興機構）に直接行ったら、ＪＥＴＲＯの職員さん、駐在歴が五年目の方だったが、「僕がこっちに来てから、日本人で、ノンアポで来たのは渡辺さんが初めてです」と言われた。ほとんどの日本人は、しっかり用事があるから行くので、僕のように暇な時間があまりないらしい。逆に言うと、用事もないのに行く日本人なんていないのだろう。

日本語学校を手伝う

僕がこうして、アジアのいろいろな国に行っているのは、もちろん知らないところに行くのが好きだからというのもあるが、実は仕事で行っているところが多い。

数年前から、尼崎にある日本語学校の仕事をお手伝いしている。その日本語学校と提携する海外の日本語学校に行き、日本に留学する生徒を現地で面接するのだ。担当者が現地に行って面接することで就学ビザが取りやすくなり、なおかつイミグレーションに出す書類のチェック、事前確認もするという感じだ。

この日本語学校は、カンボジアで知り合った人の紹介で関わるようになった。その人の仕事先のお客さんが、尼崎で日本語学校の立ち上げをしているので、ちょっと力になってくれないかということだった。僕は摂南大学時代に日本語教員の免許を取っているので、手伝うことになった。

実は僕も、イングリッシュハウスで日本語学校をしようと思っていた時期があった。日本語学校には必要条件として、自社ビルであること、教室が二つ以上あり、教室には必ず窓を付ける、などの規則がある。もちろん定員と広さにも規則があるが、イングリッシュハウスは片方の教室に窓がないため、「教室に窓がある」というのがクリアできなかった。それ以外にも、教員を先に確保することが必要だが、そのための先行投資が金額的に難しくて、いろいろ頑張って抜け穴を探したが無理だった。そういう経験を話したら、「ぜひ手伝って欲しい！」と言われ、立ち上げを手伝うことになった。

実用的な二足の草鞋《わらじ》

最初は、日本語学校設立に必要な主任という役職で是非、と言われたが、主任になるには日本語教師の経験が必要だった。日本語教師としての経験がない僕はできない。それで、主任ではないが手伝うということになった。

許認可が下りるまでの間は、日本語教師をしてくれる人を探したり、講師の研修先を探したり、他の先生と一緒に講習を受けたりと、オープン準備をやった。で、やっと許認可が下りたら、今度は生徒を募集しに行かなくちゃならない。世界中にある日本語学校に、「日本に来ませんか？」とオファーをかけた。来ることになったら、今度はやって来る学生のビザが必要になる。途上国のビザは下りにくいので、審査を通りやすくするためのひとつの手法として、面接官が現地に行って面接する。この、面接官が現地に出向く、というのが加点になって、ビザが下りやすくなるのだ。そういうわけで、面接のためにちょこちょこいろんなところに行くようになった。

面接をするのと、現地で提携できる新しい日本語学校の開拓が、僕の仕事になった。その頃すでにタイにはよく行っていたので、行くついでに仕事もできるという感じだった。なおかつ、上手にやれば交通費とかも出してくれるので、経費もかからない。日本語学校は順調にスタートして、今でもパートナー契約をしているが、もう依頼を受けて面接に行くことはなくなった。でも、この仕事では、行ったことがなかったところにたくさん行かせてもらった。

情報は現地で収集

面接するという仕事はあるのだが、一日中ずっと面接しているわけでもないから空き時間もある。普通の人は観光するのだろうけど、僕は観光には興味はない。むしろ、大使館とか領事館とか、JICA（国際協力機構）、JETRO（日本貿易振興機構）に行って、現地の情報収集をさせてもらうほうが、ずっと面白いし役に立つ。やっぱり現地に住んでいる人に聞くのが一番情報が確かなので、そこから日本人のつながりもあるし、いろいろ紹介してもらっている。あまり日本人の来ないところだと、大使館やJICA、J

ETROの方をあわよくば誘って、飲みに行くこともある。こういうやり方こそ、現地に行って初めてできることだ。海外に行くのも、行ってみないとわからないし、行ったからこそわかることがあるからだ。

ウズベキスタン

ウズベキスタンも、日本語学校の留学生の面接に行ったのがきっかけで、すごく気に入ってしまった国だ。僕の中での評価基準である「治安がいい」「高度成長している」「ビールが安い」というこだわりの三点を全部クリアしていて、一気に好きになった。四十年前までソ連だった国で、だだっ広い感じの、今まで経験したことがないような街づくりも面白かったし、その上超親日国で治安も本当によい。日本の文化がロシア経由で伝わっているので、いまだに「おしん」「ドラえもん」「セーラームーン」なのだ。タイムマシンに乗ったみたいで、それも面白い。

僕が拠点としているのはサマルカンドという都市だが、街自体が世界遺産になっていて、「青の都」と呼ばれている。とてもきれいな街で観光客も多いが、日本人はほとんどいない。街中を歩いていて、「日本人？」と聞かれて、「そうや」と言うと「握手してくれ！」「一緒に写真撮ってくれ！」と言われる。日本人は人気で、その理由は、首都タシュケントにあるナヴォイ劇場が第二次世界大戦時、捕虜になったシベリア抑留兵によって造られたというご縁からだ。

当時ナヴォイ劇場は、ソ連の建築計画図面があったが、図面通り造れる人員がいなかった。そこで、捕虜となっていた日本兵が呼ばれ、図面通りに施工されただけでなく、日本人の勤勉さのおかげでよりよいものになった、と言われている。一九六六年にタシュケントで起きた大地震の時、すべての建物が倒壊したが、ナヴォイ劇場だけが倒壊せずに残って、多くのウズベキスタン人の命を救ったという。というわけで、サマルカンドでは特に、「日本人はすごい！」となっているが、日本との交流はそんなにない。

秘めた可能性

現地のウズベキスタン日本商工会議所には、日本企業は二十社も登録がないぐらいだ。中央アジアでは、企業進出の中心はカザフスタンで、駐在もカザフスタンになっているところが多い。そのカザフスタンですら、日本企業はまだそんなに進出していないらしい。

僕はウズベキスタンに可能性をすごく感じている。僕が二十代前半の頃、初めてアジアに行って感じた経済沸騰、グワーッと成長しているような感覚を、ウズベキスタンでは感じる。今から関係を深めておけば、これはすごいことになるなと思って、頑張って現地に会社作っていろいろと始めたところだ。まだお金になるところまではいかないが、種まき中だ。そもそも「ウズベキスタンってどこ？」と言う日本人がほとんどだと思う。旧ソ連の一部であることや、サマルカンド・ブルーの建物の写真は知っていても、地図でどこかを指し示せる人はそんなに多くないだろう。

2　ヨーロッパとのご縁

留学生を送り出す

イングリッシュハウスで学んでいる生徒の中に、海外留学を希望する子がいる。そこで、僕は留学先の斡旋もしている。最初は経験を積むために、エージェントとして、留学したいという生徒と一緒に留学先の学校を見に行っていた。生徒を連れて送っていくような感じだ。一緒に行って学校を見せてもらったり、周りの学校を回って提携してくれる学校を探しに行ったりしていた。主な行先は、アメリカ、カナダ、ニュージーランド、オーストラリアなどだ。

ぶっちゃけて言えば、留学生を斡旋することはわざわざ行かなくてもできる。海外まで足を運ばなくても、エージェントだと言って学校に紹介すると、紹介料や手数料がもらえる。でも、自分の目で見て、知っているところのほうが自信をもって紹介できる。僕が海外まで足を運ぶ理由はここにある。

いつでも大学と連絡を取り合えるし、そのほうが僕もやりやすい。自分も一緒に行って、現地のスタッフと話をして、僕の中で安心できる学校だというのを確認すると、日本に帰ってから自信を持ってその学校を勧めることができる。

そういうのを始めると、留学にはどこがいいかと相談されるようになった。行ってきたところなら、僕は詳しく紹介できる。すると、「もっとほかにはないの?」と聞かれるので、だんだんほかのところも行って見なくちゃあかんとなって、あちこちに行くようになった。生徒を送って行ったついでにいろいろ寄ってくるという、そういうパターンで始まって、イングリッシュハウスに来ている外国人が帰国する時に一緒に行って、学校や街を見てくるのもやるようになった。僕のフットワークの軽さが、情報を生きたものに変え、それを伝えることで信頼感を生むのだ。

イングリッシュハウスは、「いながらにして国内留学」ができるが、その一歩先に、海外に送り出すというミッションがある。イングリッシュハウスを経由して海外に行くことのメリットのひとつが、留学斡旋だ。そしてもうひとつ、とても喜ばれているのが、海外留学のために準備した荷物を持ってきてもらって、これが要るとか要らないとか、こういうのは必要だからもっと準備していったほうがいいなどとアドバイスするレクチャーだ。これについては僕のユーチューブでも紹介しているので、巻末のＱＲコード、ＵＲＬからご覧いただきたい。限られた荷物の重さの中で、必要なものをはっきり指摘できるので、大変役に立ったという声が多い。

初めてのヨーロッパ

もうずいぶん前のことだが、イングリッシュハウスに一時期フランス人が多く、すごく仲良くなった子がフランスに帰る時に、僕も一緒について行ったことがある。その子はまっすぐ帰国せず、あちこち旅行して帰るということだったので、一緒に旅をすることにした。日本でユーロパスを買って、八か国か九か国ぐらい回った。それが初めてのヨーロッパだった。行ったのは冬で、めちゃめちゃ寒かったが安かった。お金をかけない貧乏旅行だったが、フランスに入り、スイスの国境、ドイツの国境、イタリアの国境とかを回った。

その友達の実家はドイツとの国境に近いナンシーというところで、二、三日滞在させてもらった。その子のおばあさんが亡くなったのが帰る理由だったので、僕も一緒に墓参りに行った。そのあとドイツの友人に会いに行ったり、ずっと一緒じゃなくて、別行動したり合流したりしながら移動した。当時は日本になかったＬＣＣ（格安航空会社）にも初めて乗って、安くて感動した。

その時の旅行では、ずいぶん現地の人と触れ合った。イングリッシュハウスにやってくる外国人は日本のことを知っているし、日本人についてもどんな人種か知っている。そういう、日本を知っている外国人と僕は接していたわけだが、そうじゃない人たち、それこそ「日本は中国のどこにあるの？」と聞いてくる人たちと初めて会って、大きな認識の差を感じた。日本人に会うのは初めてという人もたくさんいた。ヨーロッパから日本は、やはりとても遠い国なのだ。

そういえば日本人だって、ヨーロッパの地図で「チェコってどこ?」と言われたら、わからない人が多い。詳しい人は詳しいが、「ハンガリーの首都はどこ?」と問われて「ブタペスト!」と即答できる人はほとんどいないのではないだろうか。日本はヨーロッパの人にとってそういうイメージなのだということを実感した。それはとても新鮮だった。それでも、日本に興味のある人が多くて、僕はあまり詳しくないが、日本人のサッカー選手をたくさん知っていたりして、そういうところもカルチャーショックだった。

レアなところこそ価値がある

メジャーなところはみんな行ったことがあるので、情報の価値としてはそんなに高くない。誰も行かないようなところは、情報自体がレアで価値がある。僕はいろんなところに行ってきたが、日本人がいないところはほぼなかった。必ず誰か日本人が、ある意味変人が、いる。

アイルランドだったか、最果ての地のような、ダブリンからかなり離れたところに行ったことがある。さすがに日本人はいないだろうと思ったら、現地在住の日本人がいてびっくりした。「なんでこんなとこに日本人おるの?」と、テレビでやっている「某外国人インタビュー番組」じゃないが、「YOUはなんでアイルランドの僻地に?」みたいな感じで、本当に驚いた。逆にその人にも、「なぜこんなところに日本人が来たの?」と驚かれた。僕はたまたま友達の実家がそこにあったから行ったのだが、珍しがられて、こんな出会いもあるのだと盛り上がった。

もう数えてないからわからないけど、僕はトータルでは世界五十か国ぐらいは行っている。今成長中の開発途上国では、いろいろな事業を始めていて、カンボジアの泡盛や畜産だけでなく、フィリピンでは蕎麦を作っているし、ウズベキスタンでは貿易をしようとしている。こういうことを、僕は種まきだと思っている。

経験のない分野での種まきは、現地のパートナーや協力者なしには考えられないが、現地の人々が目覚ましく成長していくのと同時に、関わった僕も世界が広がっていくのだ。

技能実習生の送り出し機関を見にいったり、日本の組合に紹介したりといった、外国の送り出し機関と日本の受け入れ先をつなぐ、マッチングの仕事もやっている。

観光よりも人との交流

僕は海外には行くけれども、基本的に観光には興味がない。興味があるのは現地の人との交流なので、行った先に日本大使館があれば大使館または領事館、ＪＥＴＲＯ（日本貿易振興機構）、ＪＩＣＡ（国際協力機構）、日本商工会議所などに行って、現地の情報をいただくようにしている。また、どこに行っても日本人はいるので、そういう人とできれば仲良くなれれば面白いと思っている。でも、騙されたことも何度もある。海外で日本人が日本人を騙すことはよくある話だ。日本人同士なら日本語でしゃべれるし、意思疎通もとりやすいし、心を許す部分があるのは当たり前だろう。

現地に長く住んでいる日本人と仲良くなると、その人の周りの日本を好きな現地人とか、日本のことをよく知っている現地人と知り合ったり、そこから人脈が広がったりする。普通の人は全然しないやり方だとは思うが、僕はそうやって人間の輪を広げていく。そういう形で、何かしらご縁があれば何度でも行くし、ご縁がないところならば一回で終わる。知り合って仲良くなった人たちとは、仕事はもちろん、余暇も一緒に過ごす。僕はいつも現地の人に、「僕をちょっとええように使ってください！」と言っている。今すぐには何ができるか正直わからないが、向こうのニーズを掘り下げていって、ニーズに合わせて協力をする、それが楽しい。ゼロをイチにするのがたまらない。そこから、何か実になれば、もっとうれしい。

3　僕には野望があるのだ！

社長の妙味

僕は、こういう感じで海外に行くことが多いので、イングリッシュハウスのことをスタッフに任せている。幸いスタッフにも恵まれていて、それで問題が起きることもなく、きちんと回せている。

日本には、社長がいないと回らない会社が多い。特に中小企業は社長がスーパーマンでトップ営業マン、ほとんどそうだと思う。僕も最初はそういう概念を持ってやっていたが、海外に出てみると、みんなそういう概念は持っていない。日本では社長で株主でという人が多いが、社長のしんどいところばかりやって、株主のおいしいところができてない。日本はこれから、その辺のマインドチェンジができればいいのかなと思う。

僕はだいぶ前に自分の好きなことだけやって生きようと決めた。それにはどうすればいいかと考えた結論としては、忙しいほど好きなことをすれば、好きじゃないことをする時間がなくなる。だから、好きなことだけで予定を埋めればいいと思う。

日本人は、生きるための意味というのをすぐ探したがる。でも、そもそも生まれてきたことに意味はないのに、生きることに対して意味を求めたり、死ぬことに対して意味を探したりするのは意味がない、と思っている。なので、僕は「意味なく生きる」ことを心がけている。どうしても、何のためという理由探しに陥るが、そのたびにこれを思い出す。これはすごいプラス思考になるので、こういう考え方が大事だと思っている。

野望があるのだ！

僕には、これからやって行きたい、いくつかの野望がある。実現できそうなものから、それは夢かもしれないと思うものまでいろいろあるが、言葉にすると叶うというのも事実なので、ここで書いていきたい。

①博士になる！

これは、大学院の話の時に書いたが、せっかく大学院にご縁があって修士になれたので、次はぜひ博士になりたい。実際、すでに受験しているので、毎年虎視眈々と狙っている。タイミングさえ合えば、これは実現したい。

②アカデミーを作る！

僕は今、イングリッシュハウスの住み込み部門と学校部門（アカデミー）を分けようと思っている。昔おやじの時代にも学校と寮を分けていたらしく、それを母から聞いてやってみたいと思った。英会話だけにとらわれずに、経済、地理、歴史など何でも教えられたらいいなと考えている。

僕の夢のひとつに、大学を作りたいというのがある。僕はずっとそう考えていたのだが、中学時代の同級生で大人になってから再会した友人がいて、彼も同じように大学を作りたいと考えていることがわかり、一気に夢が広がった。

彼は中小企業診断士だが、コロナ禍の中、ユーチューブで月五十万ぐらい稼いでいた。今は、さらに新しいことに挑戦中だ。中小企業診断士をメインに、補助金とか助成金のコンサルもやっていて、情報をつかむとうちの会社をテストケースに使う。僕もノリがいいし、そういうのも面白いので協力している。イングリッシュハウスは法人格で従業員がいる、しかも五十年以上続いているというのがメリットになっているようだ。何かと相棒的な感じで、いろいろなことを一緒にやっている。

彼は会社の屋号とは別に、御堂筋大学という屋号を持っている。大学を作りたいと思って名前だけ持っていると聞いて、ちょうど僕も同じように大学を作りたいと思っていたところだったので、「一緒にやろうぜ」となったのだ。まだその夢は叶ってないが、今のところ、海外なら作りやすいので、カンボジアで僕が進めている。現地のパートナーは小中学校を作りたい、僕は大学を作りたいという話をしているので、一貫校にしようという話も出ている。今はコロナの影響で足踏み状態だが、ちょっとずつ進めて行っている最中だ。

③大使になる！

僕の野望はもうひとつあって、けっこう前から口に出しているが、どこかの国の特命全権大使になりたいと思っている。大使は民間登用の人もいるので、まったくチャンスがないわけではないと思うが、どうやったら実現できるかあちこちで聞いたりしている。まだ道筋は見えてこないが、今、国連で認められている一九三か国の大使になるのは難しそうなので、次の新しい国とかを攻めたら、もしかしたらなれるかもしれないな、と思っている。これも虎視眈々と狙っている。

何事も自分次第

僕は、何をする時でも基本的にトライ＆エラーというのが鉄則だ。やってみないとわからない、うまくいけば自信にもなるし、失敗しても、その失敗談がのちに生きれば失敗は無駄にはならない。失敗というのはその時の結果としてどうかということで、流れを断ち切って短期で見れば、成功か失敗か評価することはできる。でも、人生はずっと続くし時間はずっと流れていくので、いつか成功すればそれでいいんじゃないかと思っている。

今まで、いろんなトライをしてきたし、いろんな失敗をしてきた。それが経験値になって新しいことにつながる感覚も、僕にはすごくうれしいことだ。だからこそ、次のトライをたくさん見つけたいし、じっとしているよりは新しいことに挑戦したい。

とにかくまずは行動だ。行動力をほめられればうれしい。人がしないことを率先してできれば、それはカッコいいと思うのだ。人生は死ぬこと以外はかすり傷、と思うようにしている。そう思っていれば、ちょっと無謀な行動をする時にも気が楽になる。

そして、行動するには自信が必要だ。自信があれば、他に何もなくてもなんとかなる。どんなに有名になったって、世界中の人が知っている人なんていないのだから、今の自分に自信をもって、目の前の人に知ってもらうことが大切だと思っている。

行動には責任が伴う。誰かに依存しても、結局は自分でしなければならないし、自分でしたことには自分が責任をとるしかない。そういう意味では、僕は人の流れに沿うよりも、逆を行って、たとえ迷っても、失敗しても、自分で責任をとるほうがいい。

日本人は「自己中」を悪いことのように言うが、自分を中心にして生きて何が悪いのか。誰でも実は、世界の中心は自分なのだ。自己中心的というのは、裏返せば主体的であるということだ。そしてそれは別の言い方をすれば、何事もすべて自分次第だということだ。人のせいにしたいこともあるかもしれないが、自分が中心で行動して、自分で責任を取るのだから、その意味で自責の精神を忘れてはいけないと思う。

人生ご縁とタイミング

人生とは、「私は無知でまったく何も知らない」ということを知っていく作業でしかない。それを知るために人は生きているし、行動する。時間の流れによって新しく生まれてくる情報は常に膨大で、自分が得ることのできる情報量のほうが圧倒的に少ない。どんなに知識や経験を得たとしても、情報はアップグレードされていく。だからこそ、自分が無知であるという自覚を持って、学ぶこと、気づくことを素直に受け止めたい。よい時も悪い時も、うまく行く時も行かない時も、すべてはご縁とタイミングだ。ご縁は自分で引き寄せることも、遠ざけることもできる。タイミングをプラスに測ることもできればマイナスに取ることもできる。自分で調整できるが、それがよいほうに転ぶか悪いほうに転ぶかはわからないのだ。

ご縁とタイミング、その二つがカッチリかみ合った時に、最高のパフォーマンスが生まれる。だから、僕は常に、ご縁とタイミングを意識する。そうすることで、自分を納得させることができるのだ。

今まで多くのご縁に、僕は助けられてきた。僕が困った時、いつも誰かが手を差し伸べてくれた。今、僕は、世界中に出かけて、新しいご縁をいろいろなところで、たくさんの人と結んでいる。最近やっと、そのご縁を活用できるようになってきた気がする。そしてこれからも、人とのご縁を大切にして、思いもかけないタイミングで、新しい扉を開いていきたい。

みなさんにも、ええご縁とタイミングがありますように!!

おわりに　僕はナニワの宇宙人

この本を執筆しようと思ったきっかけは、父の始めた、この大阪イングリッシュハウスが創業五十五年を迎えるからだ。父が十年、母が三十年守ってきて、僕の代で十五年になる。さすがに半世紀を超えて、それだけでもすごいことだと思うのだが、さらにすごいと思うのは、父が創業した時からイングリッシュハウスの理念がまったく変わっていないということなのだ。

こんなに世の中が変化して、情報のあり方も物流もすべてが便利になっているが、それでも理念を変えずにイングリッシュハウスが存続できているのは、ひとえに創業当時の着眼点が優れていたとしか思えない。

本書の中でも書いたことだが、僕は、近年は頻繁に海外に仕事で出るような生活をしている。そして、さまざまな新しい事業に手を染めている。僕がここまで自由に動けているのは、なんといってもイングリッシュハウスという母体があるからだし、帰る場所と家族があるからだ。

「はじめに」にも書いたが、僕は勝手なことをしてばかりいるので、嫁はんに「外国人っぽいと思っていたけど、結婚してみたら、宇宙人だった！」と方々で言われている。外国人ぐらいならわかるけど、宇宙人だからわからないのだそうだ。宇宙人として見れば人間じゃないから、あなたの星ではそうなんですか、となるらしい。最初の頃はめちゃめちゃ怒っていた嫁はんも、今はかなりあきらめてくれている。僕が好きに生きるのはやめられないし、止めても無駄だということを、嫁はんなりに考えてくれているようだ。最近、嫁はんは保険を見直しにかかっている。着々と、何かあっても大丈夫なように準備をしている気がする。ありがたいが、ちょっと怖い。

最後になったが、このイングリッシュハウスを作ってくれた父と、それを守ってくれた母に深く感謝したい。そして、今の僕を支えてくれている嫁はんにも、大きな感謝を伝えたい。

最後まで読んでいただいて、ありがとうございました。

■大阪イングリッシュハウスのご紹介

一九六七年に誕生した「大阪イングリッシュハウス枚方（略称＝ＯＨＥ）」は、「外国人となかよく暮らせ、英語が勉強できる家」をコンセプトに運営されています。

学生寮としても、社会人のアパートとしても利用可能です。日々、英語を使う環境＋英会話レッスン付きで英会話力アップを目指すことができます。外国人と一緒に長期にわたって住み込む「国内留学」も、短期集中型の英会話合宿などのコースもご利用いただけます。

また、海外留学やワーキングホリデーのサポート、留学奨学金サポートなど、英語を学び、国際的なコミュニケーションスキルを身につけたい人を応援する、さまざまな活動を行っています。英語コミュニケーションを楽しみながら国際感覚を磨きたい方は大歓迎です！

▲イングリッシュハウスの Web ページ（https://oeh.jp/）

イングリッシュハウスが提供する内容の概要

長期ステイコース　[1 年契約]

外国人講師による英会話授業を必須で受けていただきます。受けていただく授業はプライベートレッスン＆グループレッスンがあります。特に一年目は、基本的な英語力、会話能力、協調性を強化していただくためにプライベートレッスン、グループレッスンさらに各種アクティビティーの参加が必須です。共同生活において欠かせない基本的な英会話能力と、住人同士の協調性を養い、同居している外国人と楽しくコミュニケーションをとっていただく「国内留学」です。

短期集中インテンシブコース

72 時間の住み込み型英会話コースです。

イングリッシュハウスの英会話レッスン

プライベートレッスンは週 1 回 50 分、外国人講師による英会話レッスンが受講できます。学校の英語課題などへのサポート、TOEFL や TOEIC の対策・医大生向け医療英語も行っています。

グループレッスンでは自分たちの国について外国人にプレゼンします。週 1 回 50 分、年間 27 回のレッスンで、さまざまな国について知るだけでなく、外国人との交流により協調性も養えます。

アクティビティー

ウェルカムパーティーに始まり、ディナークッキング、カラオケパーティー、BBQ パーティー、ボーリング大会、町内運動会、京都観光など、毎月季節感あるアクティビティーを実施しています。

長期入居の方はプライベートルームを提供

バス・トイレ・冷暖房・ミニキッチン・Free WiFi・ベランダを完備した個室に入居いただけます。共用エリアにはキッチン、ダイニング、ラウンジ、コインランドリーなどの設備があります。

著者おすすめの情報源

著者 YouTube
http://youtube.com/oehjp

著者 YouTube　海外旅行のグッズは百均で
https://www.youtube.com/watch?v=SBgvCj00eMc&t=4s

在外教育施設派遣教員
https://www.mext.go.jp/a_menu/shotou/clarinet/002/004.htm

JICA 海外協力隊
https://www.jica.go.jp/volunteer/index.html

日本国内　地域おこし協力隊
https://www.iju-join.jp/chiikiokoshi/index.html

国際交流基金からの海外派遣
https://www.jpf.go.jp/j/about/recruit/ac_210803.html

これが一番おすすめ！ 一般社団法人 国際交流サービス協会からの在外公館派遣
http://www.ihcsa.or.jp

[著者プロフィール]

渡辺 秀和（わたなべ ひでかず）

1976 年大阪府に生まれる。大阪イングリッシュハウス3代目社長。幼い時に父を亡くし、母とも離れて幼少期を過ごす。おいたちの不幸自慢では誰にも負けたことがない。同志社大学総合政策科学研究科修士課程修了。カンボジアで不動産業、泡盛の生産や牧畜、学校の設立などを手掛けるほか、フィリピンで蕎麦づくり、ウズベキスタンで貿易業など世界各地で様々な事業を展開している。50 か国以上の国を歴訪。スナフキンのような生活スタイルで国際人材育成に励んでいる。超フットワークが軽く、行動第一主義。夢は、大学をつくることとどこかの国の特命全権大使になること。人の真逆を行くビジネスソーシャルイノベーター。「それホントに人生の優先順位高いやつ？」と常に考え行動している。

編集・制作：土肥 正弘（ドキュメント工房）
装丁：大辻 真央
カバー写真：菅谷 道廣
カバー写真撮影協力：TOUDAI Cafe&Dining

僕はナニワの宇宙人。　人生ご縁とタイミング

2021年12月20日　初版第1刷発行
著　者：渡辺秀和
発行者：晴山陽一
発行所：晴山書店
〒173-0004　東京都板橋区板橋2-28-8　コーシンビル4階
TEL　03-3964-5666／FAX 03-3964-4569
URL　http://hareyama-shoten.jp/
発　売：サンクチュアリ出版
〒113-0023　東京都文京区向丘2-14-9
TEL　03-5834-2507／FAX 03-5834-2508
URL　https://www.sanctuarybooks.jp/
印刷所：恒信印刷株式会社

ISBN978-4-8014-9406-0